Regime

1. Auflage, 2012
ISBN 978-3-942885-11-9

© edition assemblage
Postfach 27 46
D-48014 Münster
info@edition-assemblage.de
www.edition-assemblage.de

Mitglied der Kooperation book:fair
Mitglied der assoziation Linker Verlage (aLiVe)

Lektorat: Eva Egermann, Tom Holert, Jens Kastner, Johanna Schaffer
Umschlag, Gestaltung und Satz: Patrick Anthofer
Schriften: National (Kris Sowersby), Sirba (Nicolien van der Keur)
Druck: Leibi.de, Neu-Ulm

Mit Dank für Unterstützung an: eXponat. Forum für Museologie und visuelle Kultur und an das Center for Art / Knowledge Research (CAK) an der Akademie der Bildenden Künste Wien. Gefördertes Sonderprojekt der Österreichischen HochschülerInnenschaft.

]a[akademie der bildenden künste wien   WIEN KULTUR   ÖH

Petja Dimitrova, Eva Egermann, Tom Holert,
Jens Kastner, Johanna Schaffer

Regime

Wie Dominanz organisiert und
Ausdruck formalisiert wird

Inhalt

7 Vorweg

13 *Visuelles Insert: Auf der Promotionstour des Ministeriums...*

19 **DISKURS**

20 Repräsentationsregime, skopisches Regime, Blickregime

25 Regime des Normalen

28 Ableism / Regime

29 Der Regimebegriff der „Regimetheorie"

30 Der Regimebegriff der Regulationstheorie

31 Wahrheitsregime, Zeichenregime, Gouvernementalität: Foucault, Deleuze und Guattari

33 Regime der Grenze, der Kontrolle, der Mobilität

34 Geschlechterregime

36 Repräsentationsregime, ästhetisches Regime: Jacques Rancière

37 *Visuelles Insert, Lina Dokuzović: The Global Repercussions of Knowledge Economies*

REGIMEFÄLLE 1

41 Gute Regierung, schlechte Regierung

43 Bunker der Gegenverschwörung

46 Repräsentation der Regime, Regime der Repräsentation

50 Post Power Point

52 Uni sind wir

57 *Visuelles Insert: We talk –
We Act – We move! Can We?
Yes we can! 2–3–4–5*

DISKUSSION

62 Konfrontation und
Verschränkung:
Diskussionsrunde zu
politischen und ästhetischen
Regime-Begriffen

73 *Visuelles Insert:
Libertina Bomba*

78 Politik der Kunst und „Poetik
der Politik". Zum Regime-
Begriff bei Jacques Rancière
(Ruth Sonderegger)

89 *Visuelles Insert:
Plattform Geschichtspolitik*

REGIMEFÄLLE 2

95 Zwölf Kilometer

97 Zur materiellen Struktur
von Ideologie

100 Gestalte Deine Fingernägel!
Zur Frage, ob es ein
Kunstregime gibt

106 City Night Line (Wo Grenzregime und Blickregime
sich ‚Gute Nacht' sagen)

110 Sockensegregation

113 Regime und Dispositiv

115 Regimekritik als Politik

117 *Visuelles Insert:
Situationsbeschreibung*

121 The Government Seeks to
Add a New Type of
Regulated Activity

123 Regime als kritische
Denomination

124 Von Regierungen zu Regimen

127 Kurzbiografien

Vorweg

Bei jüngeren Versuchen, Organisationsformen und Wirkungsweisen von Macht und Herrschaft zu beschreiben, wird immer wieder der Begriff des Regimes zu Hilfe genommen. Was macht diese besondere Anziehungskraft aus, für wen und warum gilt der Regime-Begriff als nützlich und produktiv? Was bringt der Begriff einem herrschaftskritischen Denken, das auf dem konstitutiven Zusammenhang zwischen der ästhetischen und der politischen Verfasstheit von Wirklichkeit bestehen will? Diesen Fragen folgt das vorliegende Buch in einer amorphen, das Versuchsartige betonenden Struktur – und es folgt ihnen auf einer textuellen ebenso wie einer visuellen Ebene. Die Texte und drei der visuellen Inserts bzw. Bildstrecken dieses Buches haben Petja Dimitrova, Eva Egermann, Tom Holert, Jens Kastner, Johanna Schaffer zumeist in separater Autor*innenschaft, aber in gemeinsamer Diskussion und Redaktion verfasst. Außerdem veröffentlichen wir Ausschnitte aus einer Diskussion, die auf einem von uns veranstalteten Symposium durchgeführt wurde: *Regime. Wie Dominanz organisiert und Ausdruck formalisiert wird* fand am 28. und 29. Mai 2010 im sogenannten Aktsaal der Akademie der bildenden Künste Wien statt. Keine klassische Tagung, sondern laut Untertitel „Ein öffentlicher Workshop" versammelte das Ereignis Standpunkte und Diskussionsbeiträge aus der politikwissenschaftlichen Regulationstheorie, aus der aktivistischen Migrationsforschung, aus der philosophischen Ästhetik und aus einer bildungs- und hegemoniekritischen aktivistischen Kunstpraxis. Ruth Sonderegger, Lina Dokuzović, die Plattform Geschichtspolitik und Libertina Bomba baten wir während der Arbeit an diesem Buch um gesonderte (auch mit ihrem Namen versehene) Beiträge, die direkt (Ruth Sonderegger, Plattform Geschichtspolitik) oder auch entfernter (Libertina Bomba, Lina Dokuzović) mit dem zu tun haben, was sie zum Workshop im Mai 2010 mitbrachten. Zur Regime-Arbeitsgruppe gehörte neben den Autor*innen dieses Buches damals noch Maren Grimm, die maßgeblich zum Zustandekommen des Symposiums und seiner Form beigetragen hat. Neben den später im Text erwähnten Mit-Diskutant*innen – Ulrich Brand, Manuela Bojadžijev und Ilker Ataç – haben außerdem die Plattform Geschichtspolitik, die Gruppe Libertina Bomba, Lina Dokuzović und

Marlene Streeruwitz mit ihren Beiträgen das Symposiums geprägt und bereichert. Die Veranstaltung stellte einen vorläufigen Höhepunkt unserer Auseinandersetzung mit dem Begriff des Regimes dar, die wir – damals allesamt Lehrende an der Akademie, eine von uns dort zudem PhD-Studierende – eineinhalb Jahre zuvor, auch unter dem Eindruck der von der Akademie ausgegangenen landes- und europaweiten Bildungsproteste,[1] begonnen hatten.

Foto: Jens Kastner

1 Für Text- und Bildmaterial, das im Zusammenhang mit den Protesten an der Akademie entstand, siehe z. B. Wiener Kollektiv: „Spät im Wintersemester." In: Unbedingte Universitäten: *Was passiert? Stellungnahmen zur Lage der Universität.* Zürich: diaphanes 2010, S. 37–40; www.malen-nach-zahlen.at der *academy of refusal* [Zuletzt aufgerufen am 13.01.2012]; vgl. außerdem: Lina Dokuzović, Eduard Freudmann: „Squatting the Crisis. On the current protests in education and perspectives on radical change", http://eipcp.net/projects/creatingworlds/dokuzovic-freudmann/en (11/2009) [Zuletzt aufgerufen am 13.01.2012]; Tom Holert: „Der Akku der Kritik. Bildungsproteste und verteilte Handlungsfähigkeit". In: *die bildende. Die Zeitung der Akademie der bildenden Künste Wien*, 05, März 2010, S. 28–30, [leicht überarbeitet und ergänzt in: *ZfM. Zeitschrift für Medienwissenschaft*, 2, 1/2010, S. 131–134]; Tom Holert: „Etwas anderes als die Bürokratie der ‚Qualität'. Kunstausbildung und Protest, 2009/1979". In: *transversal*, 10/2010, http://eipcp.net/transversal/1210/holert/de [englische und spanische Übersetzung]; Tom Holert: „Besetzen und begreifen: Zur Besetzung der Akademie der bildenden Künste". In: *Der Standard*, 27. Oktober 2009, S. 35; Jens Kastner: „‚Reiche Eltern für alle!' Die Proteste der Studierenden in Österreich." In: *graswurzelrevolution*, Nr. 344, Münster, Dezember 2009, S. 1ff, http://www.graswurzel.net/344/uni.shtml [Zuletzt aufgerufen am 13.01.2012]; Jens Kastner: „Das neoliberale Bildungsideal. Praktisches Wissen, Kreativität und ‚lebenslanges Lernen'." In: *ak – analyse & kritik. Zeitung für linke Debatte und Praxis*, Nr. 545, Hamburg, 18.12.2009, S. 13, http://www.akweb.de/ak_s/ak545/06.htm [Zuletzt aufgerufen am 13.01.2012]. Weiters sei hier auf die Ausstellung „2 or 3 Things, we've learned. Intersections on Art, Education and Protest" hingewiesen, die Eva Egermann und Elke Krasny im Herbst 2009 in der IG Bildende Kunst kuratiert haben. Text über den Ausstellungskontext: http://occupyeverything.org/2012/demands-on-education-things-weve-learned/ [Zuletzt aufgerufen am 13.01.2012]

Während wir anfänglich im Rahmen der diskursiven Programms des Centre for Art/Knowledge (CAK)[2] an der Akademie damit beschäftigt waren, die vermehrte Rede von Regimen in unterschiedlichsten Disziplinen zu sichten und zu sortieren, wählten wir für den öffentlichen Workshop eine Form, die über die Diskussion bestimmter Zwischenergebnisse hinaus auch Aufmerksamkeit für jeweils aktuell sich herstellende Formen und Ästhetiken provozieren wollte. So muteten wir der Öffentlichkeit des Symposiums verschiedenste Formate der Präsentation und Diskussion zu, um immer wieder den Zusammenhang zwischen politischen und ästhetischen Effekten beobachtbar zu machen. Zu der Debatte, die das vorliegende Buch weiter entwickeln will, gehörten auch zwei Lehrveranstaltungen im Sommersemester 2010: „Wie Ausdruck formalisiert wird: Kamera-Arbeit, Montage und Ideologie" (Vorlesung Film and Television Studies) von Maren Grimm und Johanna Schaffer und „Soziologie des Regimes" (Ästhetik und Kunstsoziologie III) von Jens Kastner. Im Frühjahr 2010 erschien darüber hinaus eine Ausgabe des *Bildpunkt. Zeitschrift der IG Bildende Kunst* zum Thema „Regimestörungen" (http://www.igbildendekunst. at/bildpunkt/2010/regimestoerungen.htm), in der den analytischen Dimensionen der Regimefrage eine aktivistische Perspektive hinzugefügt wurde.

Bereits im Januar 2010 hatten Aktivist*innen an einem Sockel neben dem Treppenaufgang zur Akademie in einem roten Stencil-Graffiti gefordert: „Autokratische Regime neoliberaler Prägung abschalten." Wir vermuten allerdings, dass sich Regime nicht einfach angreifen und abschalten lassen und dass vielmehr untersucht werden sollte, wie wir selbst immer schon in Regime eingebunden agieren. Wenn wir Regime im Folgenden als Anordnungen von Bedeutungsrelationen (wonach sie Formen haben, die durch wiederholte Praktiken erzeugt werden) verstehen, die in konkret-historischen Situationen Dominanzverhältnisse organisieren; wenn also der Begriff Regime als Analyseraster verwendet wird, mit dem sich Dominanzverhältnisse entschlüsseln und thematisieren lassen – dann

Jens Kastner

2 http://www.cak.akbild.ac.at

ist ein möglicher Gewinn dieses Begriffs die Beschreibung von Dominanz- und Herrschaftsverhältnissen jenseits dualistischer Subjekt-Objekt-Zuschreibungen, da die Form der Regime niemals einfach durch eine simple aktiv-passiv-, privat-öffentlich-, Täter-Opfer-Relation getragen ist. Und wenn Regime durch Zwang und Regulierung ebenso entstehen wie durch die Produktion und Inanspruchnahme von Räumen widerständigen Handelns,[3] dann können Regime nicht einfach zerschlagen oder abgeschaltet, noch müssen sie schlicht erduldet oder erlitten werden. Sie lassen sich untersuchen, um sie von innen heraus zu Änderungen zu zwingen/bringen – und das wohl vor allem durch „subtile Politiken",[4] also durch Politiken, die auf geduldigem, wiederholtem, lokal angesiedeltem, subversivem bzw. umarbeitendem Handeln bestehen. Konzeptuell bietet der Begriff Regime also die Möglichkeit an, zu untersuchen, durch welche Anordnungen die ‚eigenen' Praxisformen formatiert sind, und welche Formen sie selbst wiederholen: Wir alle sind nicht nur Teil diverser Regime, sondern stellen diese auch permanent mit her, agieren sie aus. Schwierig und wenig inspirierend allerdings erweist sich dieses analytische Raster, wenn es um erfinderische Beschreibungen der Arten und Weisen geht, in denen wir Regime nicht einfach reproduzieren und affirmieren,

---

3   Dieses Verständnis verdankt sich wesentlich den theoretischen Arbeiten der letzten Jahre zum Migrationsregime: siehe z. B. Manuela Bojadžijev, Serhat Karakayali, Vassilis Tsianos: „Papers and Roses. Die Autonomie der Migration und der Kampf um Rechte", http://www.kanak-attak.de/ka/text/papers.html [Zuletzt aufgerufen am 13.01.2012]; Sandro Mezzadra: „Kapitalismus, Migrationen und soziale Kämpfe. Vorbemerkungen zu einer Theorie der Autonomie der Migration." In: Thomas Atzert, Serhat Karakayali, Marianne Piper und Vassilis Tsianos (Hg.): *Empire und die biopolitische Wende*. Frankfurt a. M.: Campus 2007, S. 179–193.

4   So Samuel Chambers' und Terrell Carvers Begriff, gewonnen in Auseinandersetzung mit Judith Butlers Konzept der normativen Gewalt: Samuel Chambers/Terrell Carver: *Judith Butler and Political Theory: Troubling Politics*. London: Routledge 2008, S. 142. Vgl. auch Antke Engel: „Tender Tensions – Antagonistic Struggles – Becoming-Bird: Queer Political Interventions into Neoliberal Hegemony." In: María do Mar Castro Varela, Nikita Dhawan, Antke Engel (Hg.), *Hegemony and Heteronormativity. Revisiting 'The Political' in Queer Politics*. Farnham: Ashgate 2011, S. 63–90, besonders S. 76.

sondern andere Formen produzieren, existierende Rahmen dehnen, sie vielleicht sogar perforieren und aktiv ausfransen. Die folgenden Texte werden das Konzept Regime überprüfen und verwenden, um spezifische Formen des Politischen sichtbar zu machen. Unter Formen verstehen wir in diesem Zusammenhang Gestaltungen gesellschaftlicher Arrangements und politischer Kräfteverhältnisse. Uns interessiert, wann diese Formen des Politischen sich so konfigurieren, dass sie als Regime beschrieben werden können. Im Sinne dieses Interesses bietet das Buch detaillierte Versuchsanordnungen an, in denen entlang verschiedener Theorielinien und Materialien diskutiert wird, inwiefern sich der Ansatz, vom Regime her zu denken, für macht- und herrschaftskritische Analysen eignet. Denn der Begriff des Regimes besitzt einerseits das Potenzial, Politik- und Ökonomietheorie, visuelle Kultur und Ästhetik aufeinander zu beziehen und in ihrer Wechselwirkung zu verstehen – als Ergänzung oder Alternative zu verwandten Konzepten wie Hegemonie oder Gouvernementalität. Andererseits ist festzustellen, dass der Gebrauch des Regime-Begriffs sehr weitläufig und oft ungenau und spekulativ ist. Die Frage ist also, welchen diskursiven und politischen Gewinn er verspricht und tatsächlich bringt. So oder so vermuten wir, dass nur detaillierte Analysen der Formen von Regimen etwas Spezifisches und damit Aussagekräftiges ermöglichen. Im Folgenden werden in unterschiedlichen Text- und Bildsorten verschiedene Regime bzw. Regime-Begriffe anhand von mal mehr und mal weniger zwingenden wie zufälligen, erwartbaren wie überraschenden und singulären wie verallgemeinerbaren Beispielen durchgespielt und erprobt. Dafür beginnen wir mit einer terminologischen Sichtung des Terrains.

Uni sind wir

BMW_F

Wissenschaft on /Innen

Autonom

Visionen

Vision&Strategien

Aut n mie
o o

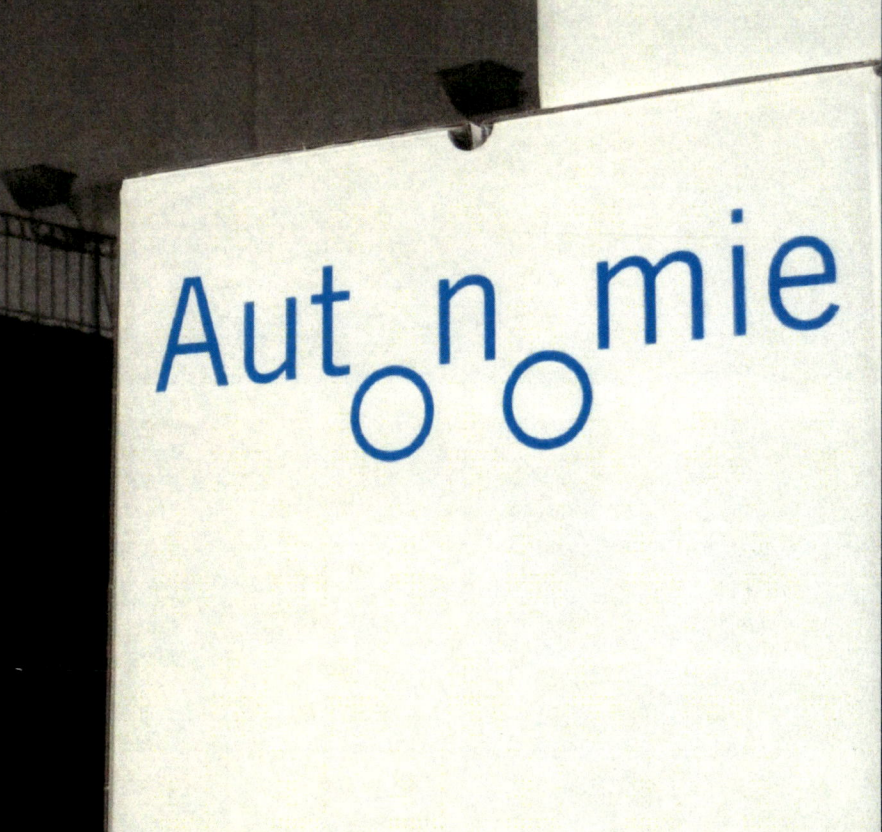

Perspektiven

Visionen **Strategien**

Perspektiven

Gemeinsam zur Zukunft der Universitäten

BM.W_Fᵃ

Wissenschaft von /Innen

Wissenschaft von /Innen

Autonomie

BM_W_F
Bundesministerium für Wissenschaft und Forschung

BM_W_Fa
Bundesministerium für Wissenschaft und Forschung

B.A. =
Besser
Ausgebildet

Platz

Forsc

Aut o n o mie

„Auto nomie", „Uni sind wir",
„BA = Besser Ausgebildet"
Auf der Promotionstour des Ministeriums ...

DISKURS

Die Texte dieses Buches wenden sich unterschiedlichen Semantiken und Pragmatiken des Regime-Begriffs zu. Ihr Ausgangspunkt ist geradezu die grundlegende Vielgestaltigkeit des Begriffs, dessen Gebrauch in einigen Theorien und Diskursen sehr streng definiert ist, in anderen hingegen allenfalls lose. Es erscheint deshalb geboten, das Schillernde des Begriffs zunächst zumindest ansatzweise herauszuarbeiten, bevor wir unsere eigenen, wiederum untereinander differierenden Verwendungsweisen vorstellen.

Etymologisch ist Regime mit dem lateinischen *regula* (Maßstab, Regel) und *regere* (leiten, gebieten, lenken, ausrichten) verbunden. Auch Aufgrund dieser Herkunft scheint die Nähe von Regime zu „Regel" und „Regierung" offenkundig, für eine einheitliche Verwendung des Wortes ist dennoch nicht gesorgt. Zwischen der alltagssprachlichen Gleichsetzung von Regime mit ablehnenswerten Formen politischer Herrschaft (Diktaturen, Oligarchien usw.) und dem Einsatz von Regime in den Wissenschaften, wo der Begriff etwa in der Geographie und Hydrographie bei der Untersuchung von Flussbetten wechselnde Bedingungen wie zum Beispiel Systeme von Sandbanken bezeichnet, liegen Welten. Ganz zu schweigen von sprachlichen Besonderheiten wie jener, dass *régime* im Französischen neben vielem anderen auch „Diät" bedeuten kann.

Beide Eigenschaften der Rede vom Regime, die Versorgung eines Diskurses mit kritischer Valenz (denn gemäß dem Alltagsgebrauch geht es um eine überwundene oder zu überwindende „falsche" Ordnung) ebenso wie eine relative semantische Offenheit, hängen damit zusammen, dass der Begriff unterschiedliche Kontexte der Verwendung kennt und zwischen diesen unterschiedlichen Kontexten entweder jede Kommunikation fehlt oder sich semantische Umschichtungen und metaphorische Verlagerungen ereignen.

Die Polyvalenz des Regime-Begriffs macht den Umgang mit ihm schwierig, unberechenbar, aber auch reizvoll. Unser Ziel besteht nicht darin, den Begriff so vereindeutigend auszulegen, dass jederzeit im Zweifelsfall auf eine verbindliche Definition zurückverwiesen werden könnte. Stattdessen soll in diesem Buch mit einer großen Bandbreite von Kontexten und Anwendungen gearbeitet werden, um das Potenzial des Begriffs für die Formulierung einer ästhetischen und politischen Theorie möglichst weitgehend auszuschöpfen. Die nachstehenden terminologischen Sondierungen sind deshalb nicht ein Versuch Ordnung zu schaffen, sondern ein vorläufiger und tastender Streifzug durch diskursives Unterholz.

Repräsentationsregime, skopisches Regime, Blickregime

„Jedes Repräsentationsregime ist ein Machtregime, das, worauf uns Foucault hinweist, durch das verhängnisvolle Doppel von Macht/Wissen geformt ist. Doch dieses Wissen ist internalisiert und nicht äußerlich."[5] Theoretiker*innen der Postkolonialität wie Stuart Hall, von dem auch obiges Zitat stammt, haben diesen Zusammenhang zwischen Repräsentation und Macht, der hier nicht zuletzt durch den Regime-Begriff hergestellt wird, herausgearbeitet, um die Verschränkung von Mechanismen kultureller Hegemonie und rassistischer Exklusion zu beschreiben und zu kritisieren. Mit Bezug auf Frantz Fanon und andere verwies Hall auf die „verschiedenen Weisen, mit denen schwarze Menschen und schwarze Erfahrungen in den dominanten Repräsentationsregimes positioniert und unterworfen wurden."[6] Nicht ohne Grund knüpfte Hall in diesem Essay aus den späten 1980er Jahren seine Verwendung des Komposits „Repräsentationsregime" („regime of representation") fest an Adjektive wie „dominant" oder „rassialisiert" („racialised"). Vom Repräsentationsregime zu sprechen, führt bei Hall automatisch zu der Frage, wie ein solches Regime herausgefordert und verändert werden könne. Aber was ist ein „Repräsentationsregime"? Hall deutet einen Zusammenhang zur ‚Intertextualität' an, die bei der historisch und kulturell je spezifischen Produktion von „Differenz und ‚Andersheit'"[7] zwischen verschiedenen

---

5 Stuart Hall: „Kulturelle Identität und Diaspora." Aus dem Englischen von Joachim Gutsche und Dominique John. In: ders.: *Rassismus und kulturelle Identität. Ausgewählte Schriften 2*, Hamburg: Argument 1994, S. 26–43, hier S. 30.
6 Ebd., S. 29.
7 Stuart Hall: „ Das Spektakel des ‚Anderen'." Aus dem Englischen von Kristin Carls und Dagmar Engelken. In: ders.: *Ideologie, Identität, Repräsentation*.

Praktiken und Figuren der Repräsentation am Werk ist. Konkret aber bezeichnet er als Repräsentationsregime (im Kontext seiner Diskussion des rassialisierenden „Spektakels des ‚Anderen'" von 1997) „das gesamte Repertoire an Bildern und visuellen Effekten, durch das ‚Differenz' in einem beliebigen historischen Moment repräsentiert wird."[8]
Ein „Repertoire von Bildern": So könnte also die einfachste Definition von Repräsentationsregime lauten. Sie lässt sich an das lacanistische Konzept des „kulturellen Bildrepertoires" (*cultural image-repertoire*) oder „Schirms" (*screen*) anschließen, das Kaja Silverman mit der Sprache vergleicht, weil diese ebenfalls „jeden von uns bewohnt".[9] Ein solches Repertoire ist nicht statisch, sondern dynamisch, es wird fortwährend (re-)produziert, überarbeitet, transformiert – in zirkulären Beziehungsgefügen von Realität und Repräsentation. In dieser Dynamik des Repertoires zeigt sich das Regime als historisch anpassungsfähige Ordnung von Einschätzungen, Identifikationen, Orientierungen, Modellen und Normen, die sich Herrschaftsinteressen verdankt (und diesen zugleich dient), indem sie Prozesse der Subjektivierung organisiert, die wiederum Reaktionen hervorrufen können, etwa Verwerfungen der besagten Ordnung, Widerstand und Subversion.

Mit Bedacht betont Stuart Hall durchgehend die Historizität der Repräsentationsregime. Es handelt sich nämlich nicht um überzeitliche Universalien, sondern um epochenspezifische und kulturell differierende Ordnungen des Sehens und Sichtbarmachens. Hier wie eigentlich in der ganzen konzeptuellen Anlage des Begriffs „Repräsentationsregime" sind deutlich die Spuren der Historiographie und Epistemologie Michel Foucaults erkennbar. Foucault untersuchte Machttechnologien und Wissensformationen als konstitutive Grundlage spezifischer Wahrnehmungsmuster, Blickkonventionen und Überwachungsapparate. So lässt sich zum Beispiel das Panopticon als Modell einer Gefängnisarchitektur, in der die überwachenden und strafenden Instanzen unsichtbar und die gesehenen Subjekte hypervisibel sind,

---

Ausgewählte Schriften 4. Hg. von Juha Koivisto und Andreas Merkens, Hamburg: Argument 2004, S. 108–165, hier S. 115.
8   Ebd.
9   Kaja Silverman: *Threshold of the Visible World*. New York/London: Routledge 1996, S. 221.

als fundamentales Organisationsprinzip von Subjektivierung in den Disziplinargesellschaften der Moderne deuten.

Die Semantik von Macht und Herrschaft kennzeichnet ganz wesentlich auch die maßgeblich durch Jacques Lacans psychoanalytische Theorie des Blicks informierte Rede von Blick- und Bildregimen, wie sie spätestens seit Christian Metz und Martin Jay („skopisches Regime") in den Theorien des Films und der visuellen Kultur einschlägig geworden sind. Das „skopische Kino-Regime", von dem Metz in einem seiner Hauptwerke, *Der imaginäre Signifikant* von 1977, spricht, bezeichnet eine proto-politische Regulierung der Erfahrung des Kinos (das heißt: einer zentralen Praxis und Institution der visuellen Kultur der Moderne) in den psychischen Dimensionen des Imaginären und Symbolischen.[10] Entscheidend für die Erfahrung des Kinos, etwa im Unterschied zum Theater, sei die Abwesenheit des materiellen Referenten, die eine spezifische Arbeit der Fiktionalisierung auslöse und bedinge. Metz hatte sich selbst unter anderem die Aufgabe gestellt, über den „kinematografischen Traum in Begriffen des Code: als Code dieses Traums"[11] zu sprechen. Und so wie der Begriff des Code nicht nur einen semiologischen, sondern überdies einen kybernetischen und politisch-juridischen Bedeutungshof hat, ist auch der Begriff des Regimes gleichermaßen politisch wie technisch und psychoökonomisch auslegbar und anwendbar. Das skopische Regime des Kinos wäre Metz' Verständnis zufolge eine Ordnungsmacht, die das Sehen und die Prozesse des Imaginären nachgerade polizeilich regelt, kontrolliert und sanktioniert. Allerdings war Metz, trotz dieser metaphorischen Wendung, nicht an einer ideologiekritischen Zuspitzung

---

10 „[...] rêve cinématographique en termes de code: du code de ce rêve" [...]: vgl. Christian Metz: *Le signifiant imaginaire. Psychanalyse et cinéma*. Paris: UEG [10/18] 1977, S. 114 (dt. *Der imaginäre Signifikant. Psychoanalyse und Kino*. Aus dem Französischen von Dominique Blüher, Thomas Hübel, Elisabeth Madlener, Robert F. Riesinger, Peter Stolle, Margrit Tröhler und Michael Wiesmüller. Münster: Nodus 2000). Vgl. zudem Tom Holert: „Regimewechsel. Visual Studies, Politik, Kritik." In: Klaus Sachs-Hombach (Hg.): *Bildtheorien – Anthropologische und kulturelle Grundlagen des Visualistic Turn*. Frankfurt a.M.: Suhrkamp 2009, S. 328–353, hier bes. S. 341ff.

11 Metz: *Le signifiant imaginaire. Psychanalyse et cinéma*, a.a.O., S. 13.

des Begriffs interessiert – das Kino als subjektzentrierende Macht im Anschluss an Lacan zu denken überließ er anderen Theoretiker*innen der Zeit wie Laura Mulvey, Jean-Louis Comolli oder Jean-Louis Baudry.[12]

So wird man auch sagen müssen, dass Martin Jay ein Jahrzehnt später Metz' Begriff zwar aufnahm, aber doch umfassend kritisch revidierte. In einem Essay von 1988 unterteilte Jay ein übergeordnetes dominantes „skopisches Regime" der Neuzeit und Moderne in drei „visuelle Subkulturen", „Modelle des Sehens" oder „skopische Regime": den cartesianischen Perspektivismus, der auf der Annahme einer monokularen, transzendentalen Subjektivität des projizierenden Sehens beruht; das nicht-mathematische, empirische visuelle Beobachten und beschreibende Sehen, das auf Francis Bacon zurückgeführt werden kann; sowie eine „barocke" Vielfältigkeit und Exzentrizität des Visuellen, die keine Reduktion auf einen privilegierten Sehepunkt oder die Kohärenz einer zu beschreibenden Oberfläche anerkennt, sondern stattdessen von der immer schon gegebenen Verschränkung von Visualität und Rhetorik, mit anderen Worten: der Zeichenhaftigkeit des Bildes ausgeht, aber auch von der Körperlichkeit und Erotik des Sehens.[13] Jay weigert sich jedoch, diese drei Regime in eine historische Abfolge zu bringen. Sie lösen einander nicht ab, sondern koexistieren. Zudem definiert Jay das sie übergreifende „scopic regime of modernity" als „contested terrain", als umkämpftes Gebiet.[14] Das betrifft sowohl die Konkurrenz unter den „visuellen Subkulturen" als auch die Kritik an den ihnen jeweils zugrundeliegenden Legitimitäts- und Autoritätsansprüchen. Der theoretische Einsatz des Regime-Begriffs besteht hier also darin, jene visuellen Ordnungen benennbar und klassifizierbar zu machen, die dazu beigetragen haben

---

12 Vgl. Lars Koch: „Figur, Traum. *Der imaginäre Signifikant* von Christian Metz auf deutsch". In: *nachdemfilm*, 1. Februar 2002, http://www.nachdemfilm.de/content/figur-traum-der-imagin%C3%A4re-signifikant-von-christian-metz-auf-deutsch
13 Martin Jay: „Scopic Regimes of Modernity". In: Hal Foster (Hg.): *Vision and Visuality* [Dia Art Foundation. Discussions in Contemporary Culture, 2]. Seattle: Bay Press 1988, S. 3–27 (dt.: „Die skopischen Ordnungen der Moderne". In: *Leviathan*, 20/2, 1992, S. 178–195).
14 Vgl. ebd., S. 4.

und weiterhin dazu beitragen, bestimmte Dominanzverhältnisse und Gesellschaftsformen über ein System nicht-natürlicher und zugleich vorbewusster Wahrnehmungs- und Visualisierungskonventionen zu stabilisieren. Die unwidersprochene (oder einfach nicht bemerkte) Assoziation des Blickens mit männlich kodierter Aktivität und des Angeblicktwerdens mit weiblich kodierter Passivität, um nur ein flagrantes Beispiel für ein wirkmächtiges „skopisches Regime" anzuführen, lässt sich mit Hilfe des Regime-Begriffs präzise analysieren und kritisieren.

Die soziale Bedeutung von Bild- und Blickregimen ist insbesondere auch von lateinamerikanischen Kulturwissenschaftler*innen hervorgehoben worden. In seiner Auseinandersetzung mit den Auswirkungen der kulturellen Globalisierung und den Rückwirkungen der sozialen und kulturellen Transformationen auf die Kulturwissenschaften schreibt der argentinisch-mexikanische Kulturwissenschaftler Néstor García Canclini von einem Imaginationsregime (*régimen imaginario*)[15], das Diskurse wie auch soziale Tatsachen organisiert. Die Frage der politischen Ansätze postmoderner Theorie nach Verortung, Position und/oder Standpunkt theoretischer und praktischer Rede (wer spricht?) dürfe sich nicht länger auf Akteur*innen als Subjekte beschränken. Wer, oder besser: was spricht, sei mehr als ein/eine soziale/r Agent*in. Ein Verständnis des gegenwärtigen Sozialen und Kulturellen entspringe weniger der hermeneutischen und/oder empiristischen Erfassung substanzieller Gegenstände als vielmehr der Differenz selbst.

Das Denken, das von solchen Differenzen (statt von Essenzen bzw. Substanzen) ausgeht einerseits und die spezifischen ökonomischen und sozialen Bedingungen des neoliberalen Kapitalismus andererseits lassen die vormals vermeintlich klaren Grenzen zwischen „Herrschern" und „Beherrschten" prekär werden. Der Begriff des Regimes reagiert auch auf die relationalen, vielschichtigen, partizipativen und flüchtigen Formen der Organisation von Dominanz. In solche Dominanzverhältnisse sind die sie beschreibenden Wissenschaften

---

15 Nestor García Canclini: *Consumidores y cuidadanos. Conflictos multiculturales de la globalización* [1995]. Mexiko-Stadt: Random House Mondadori 2009, S. 91.

selbstverständlich involviert. Darauf verweist etwa die chilenische Kulturwissenschaftlerin Nelly Richard, wenn sie von Wissensregimen (*regímenes del saber*) spricht, innerhalb derer jede Beschäftigung mit Kultur und Macht zu verorten sei.[16] Jede Auseinandersetzung mit Kultur und Macht müsse sich Fragen der Funktionalität (des Wissens, das diese Beschäftigung hervorbringt) ebenso stellen wie jenen der Kritikfähigkeit (*critizidad*). Richard wendet sich damit gegen eine Position, die „anderes Wissen" oder Gegenprojekte – inklusive Estudios Culturales Latinoamericanos – essenzialisiert.[17]

Regime des Normalen

Der Ausdruck Regime des Normalen (*regimes of the normal*) bezeichnet, so Michael Warner in seinem Artikel „Fear of a Queer Planet" von 1991, „ein weites Feld der Normalisierung – und eben nicht schlichtweg Intoleranz – als Ort der Gewalt".[18] In diesem für queere Theorien grundlegenden Text begleiten die „regimes of the normal" die Theoretisierung des Konzepts der Heteronormativität, mit dem hervorgehoben werden kann, inwiefern Heterosexualität mehr ist als nur eine herrschende und zutiefst in ein enormes Spektrum gesellschaftlicher Institutionen und Vorstellungen eingelassene Einrichtung. Denn Heterosexualität funktioniert zudem höchst normativ, gilt doch heterosexuelle Reproduktion als Grundlage aller herrschenden

16 Nelly Richard: „Saberes Académicos y Reflexión Crítica en América Latina." In: Daniel Mato (Hg.): *Estudios y otras prácticas intelectuales latinoamericanos en cultura y poder*. Caracas: Clasco 2002, S. 363–372.

17 Daniel Mato etwa hatte darauf gedrängt, das Projekt der Estudios Culturales Latinoamericanos als Form intellektueller Praktiken (und weniger als bloß akademische „Studien") in Bezug auf Kultur und Macht aufzufassen. Solche intellektuellen Praktiken stünden dann gleichberechtigt neben anderen Praktiken (beispielsweise außerakademische alltägliche, aber auch speziell widerständige Protestpraktiken) und Praktiken anderer (eben vor allem sozialer Bewegungen), ihnen würde damit der rein akademische Impetus genommen. Vgl. Daniel Mato: „Estudios y otras prácticas intelectuales latinoamericanos en cultura y poder." In: ders. (Hg.): *Estudios y otras prácticas intelectuales*, a.a.O. S. 12.

18 Michael Warner: „Introduction: Fear of a Queer Planet." In: *Social Text*, Nr 29, 1991, S. 3–17, hier S. 16.

Vorstellungen von Gemeinschaft und das heterosexuelle Paar als elementarste Form menschlicher Verbindung. Heterosexualität repräsentiert somit die Grundbedingung von Gesellschaftlichkeit / Sozietät überhaupt.[19] Warner dazu: „Ein enormes Ausmaß an Privilegiertheit [resultiert] aus der exklusiven Fähigkeit und Möglichkeit heterosexueller Kultur, sich selbst als elementare Form menschlicher Assoziation zu begreifen."[20] ‚Queer' als Begriff, dessen Bedeutung genau in seiner Entgegensetzung zu ‚normal' entsteht, ermöglicht und beansprucht also, auf dieses umfassende Netz der Normalisierung als Ort der Gewalt zu verweisen. Hierin liegt zudem eine konzeptuelle Verschiebung queerer Kritik im Gegensatz zu meist identitätsbasierten Inklusions- und Toleranzpolitiken. Denn wie Warner auch betont, besteht ein grundlegender Aspekt queerer Theorie und Politik in deren fundamental a-sozialer Dimension. Diese A-Sozialität richtet sich gegen den sozialen Raum als kulturelle Form – eine „kulturelle Form, die mit der politischen Form des administrativen Staates und mit den normalisierenden Methodologien modernen sozialen Wissens verwoben ist".[21] Queere A-Sozialität als Methode und Praxis durchkreuzt somit Gesellschaftlichkeit als gründlichst durch Heteronormativität definierte kollektiv-kapitalistische Phantasie protestierend, pervers und gezielt ignorant in Bezug auf die Frage, wer durch diese Bewegung repräsentiert wird.

Warners Heteronormativitätskritik und seine Vorstellung des Regimes des Normalen weiter entwickelnd verweist Antke Engel auf Sexualität als Normalisierungsregime. Sie hebt hervor, wie „staatliche und zivilgesellschaftliche Regulierung und Verwaltung von Differenzen heute nicht mehr überwiegend durch Ausschluss oder Assimilation, sondern durch Normalisierung und differenzierte Integration"

---

19   Vgl. auch Corinna Genschel: „Fear of a Queer Planet. Dimensionen lesbischschwuler Gesellschaftskritik." In: *Das Argument*, 216 (4), 1996:, S. 525–537, speziell S. 529. Antke Engel: *Wider die Eindeutigkeit. Sexualität und Geschlecht im Fokus queerer Politik der Repräsentation*. Frankfurt a.M. u. a.: Campus 2002, S. 46–47.
20   Warner in der überarbeiteten Version seines Textes, erschienen als Introduction in ders. (Hg): *Fear of a Queer Planet*. Minneapolis, Minn.: University of Minnesota Press 1993, S. vii–xxxi, S.xxi.
21   Ebd., S. xvii

erfolgt.[22] Durch einen Prozess, den Engel „projektive Integration" nennt, werden „bestimmte Formen homosexueller und polymorpher Existenz nicht nur als integrationsfähig angesehen, sondern als Vorbilder zivilgesellschaftlicher, konsumkapitalistischer Bürger_innenschaft figuriert".[23] Vor allem Jasbir Puars Arbeiten über Homonationalismus[24] und Jin Haritaworns, Esra Erdems und Tamsila Tauquirs Arbeit zu queerem Imperialismus[25] haben zudem darauf hingewiesen, dass diese Prozesse der differentiellen Integration bestimmter (weiß, bürgerlich und monogam konnotierter), schwuler und lesbischer Existenzweisen in den Gesellschaften des Westens/Nordens sowohl auf nationaler, und erst recht auf transnationaler Ebene dazu dienen, rassistische Differenzierungen zu bekräftigen. Denn der liberale Einschluss gewisser schwul-lesbischer Lebensentwürfe belegt zum einen die Fortschrittlichkeit und kulturelle Überlegenheit des Nordens/Westens, und im Gegenzug ebenso die Rückschrittlichkeit und Barbarei des als immer noch homophob-gewaltvoll charakterisierten Südens/Ostens. Zum anderen kann über die behauptete Schutzbedürftigkeit dieser ohnehin immer nur bedingt inkludierten schwullesbischen Existenzweisen vor homophober Gewalt die restriktive Regulierung der Migration aus den Ländern des Südens/Ostens bestens argumentiert werden. Diese restriktiven Regulierungen haben zudem immer den Effekt, rassistische Differenzierungen unter den in einem nationalen Gefüge bereits anwesenden Personen zu verstärken.

---

22 Antke Engel: *Bilder von Sexualität und Ökonomie. Queere kulturelle Politiken im Neoliberalismus.* Bielefeld: transcript 2009, S. 42.
23 Ebd., S. 43.
24 Jasbir K. Puar: *Terrorist Assemblages. Homonationalism in Queer Times.* Durham u. a.: Duke University Press 2007.
25 Jin Haritaworn, Esra Erdem and Tamsila Tauquir: „Queer Imperialism: The Role of Gender and Sexuality Discourses in the 'War on Terror'." In: Esperanza Miyake and Adi Kuntsman (Hg: *Out of Place: Silences in Queerness / Raciality.* York, UK: Raw Nerve Books 2008, S. 9–33.

Ableism/Regime

Ableism beschreibt ein Ensemble von sozialen Verhältnissen, Ideen, Praktiken, Prozessen und Institutionen, die gesunde/fähige (*ablebodied*) Körper als Standard voraussetzen und, wie Fiona Kumari Campbell schreibt, „ein bestimmtes Verhältnis von Selbst und Körper (den körperlichen Standard) hervorbringen, der dann als perfekter und typischer Vertreter der Spezies und damit als Inbegriff des Menschseins gilt. Der Behinderung ist darin die Rolle der Minderwertigkeit zugedacht."[26] Zentral für das Regime des Ableism ist die normative Vorstellung eines körperlichen, idealen Standards und die grundlegende Unterscheidung von allem davon Abweichenden. Die Norm eines „gesunden" Körpers konstituiert sich in Abgrenzung von Körpern, die als „behindert" oder „dysfunktional" gelten. Die Kritik am „Projekt des Ableismus" (Campbell) als Denksystem, das sich permanent auf Normen bezieht und zugleich Normativität hervorbringt, bricht mit dem neoliberalen Ethos von Wellness, Fähigkeit, Tüchtigkeit, Kompetenz, Perfektion, Produktivität und Gebrauchswert. Die Herstellung der Kategorie „Behinderung" (und „Nichtbehinderung") in der Geschichte dient strategisch der Norm „unbeschädigter Gemeinschaften" in der westlichen Moderne.[27] So hält Mathias Danbolt fest: „Fortschrittsideologien legitimierten den moralisch begründeten Ausschluss, bzw. das Wegsperren von ‚Devianten', also Menschen, die nicht der Norm entsprachen und auf Grundlage von Rassisierung, Geschlecht oder Sexualität als die Anderen konstituiert wurden, indem sie als Bedrohung der gesellschaftlichen Entwicklung dargestellt wurden. [...] Kunstmuseen wie auch Medizin- und Unterhaltungsinstitutionen waren daran beteiligt, das Verständnis dieser

---

26 Fiona Kumari Campbell: *Contours of Ableism: The Production of Disability and Abledness*. New York: Palgrave Macmillan 2009. S. 5
27 Wie die soziale und kulturelle Konstruktion von Behinderung als ‚deformiert' und ‚anders' historisch die westliche Moderne prägte, haben die Disability Studies herausgearbeitet: vgl. z. B. Rob Imrie: *Disability and the City. International Perspectives*. London: Paul Chapman Publishing 1996 und Susan Schweik: *The Ugly Laws, Disability in Public*. New York/London: New York University Press 2009.

Zeit dementsprechend auszurichten. Mit einer rassisialisierten und heteronormativen Ideologie der linearen Zeit konnten ‚anachronistische' Subjekte, die den Fortschritt der Moderne behinderten, verwaltet und kontrolliert werden."[28]

Der Regime-Begriff der „Regimetheorie"

Die Terminologie der politischen Wissenschaften verbindet Regime mit einer spezifischen Typologie politischer Herrschaftsformen zwischen liberaler Demokratie und Diktatur. Einer Losung des politischen Philosophen Leo Strauss folgend, wurde so der „Regimewechsel" (*regime change*) in der US-amerikanischen Außenpolitik unter George W. Bush in den Stand einer Doktrin erhoben. Als Varianten von Regimes können aus politikwissenschaftlicher Perspektive auch typologische Abstufungen liberaler Demokratien zwischen Pluralismus und Neokorporatismus gefasst werden. Die sogenannte Regimetheorie untersucht die Institutionen, die Kooperationen, aber auch Antagonismen zwischen Staaten und Nichtregierungsorganisationen verwalten und moderieren. Als Regime wird in diesem Diskurs „eine Institution, oder genauer, ein Ensemble von Normen, Prinzipien, Regeln und Entscheidungsverfahren" bezeichnet, „die ein bestimmtes Problemfeld regieren, etwa Außenhandel, Geld oder [...] den Gebrauch von globalen Gemeingütern [*commons*]."[29] So werden – im Unterschied zu Regierungen (*governments*) – in den Theorien der *global governance* transnationale Ordnungsgefüge und informelle Netzwerke wie z. B. bestimmte Währungsstrukturen, Rechts- und Normauffassungen oder das System der Vereinten Nationen „Regime" genannt. Regime wären in diesem Sprachspiel daher vor allem Regel gebende suprastaatliche Institutionen, die die alten Formen von Staatlichkeit zugunsten einer komplexen Interessen- und Kooperationspolitik verändern: „Regime unterfüttern, ergänzen, unterlaufen oder

---

28 Mathias Danbolt: „Disruptive Anachronisms: Feeling historical with N.O. Body." In: Renate Lorenz, Pauline Boudry (Hg.): *Temporal Drag*. Ostfildern-Ruit: Hatje Cantz 2011, S. 1986.

29 Vgl. John Vogler: *The Global Commons: A Regime Analysis*. Chichester / New York: John Wiley 1995.

überwölben die tradierten Zuständigkeitsbereiche der territorial definierten Staatengesellschaft und binden die Kooperation der Akteure ein in ein komplexes Mehrebenensystem politischer und/oder sozioökonomischer Willensbildungsprozesse, die den je problemfeldspezifischen Regelungsinteressen der Akteure Rechnung tragen."[30] Bei diesen Operationen mit dem Ziel von „Kooperationsgewinnen" und „Erwartungsverlässlichkeit" geht es um die Bewältigung solcher Probleme, die aus Interessenüberschneidungen der Akteure resultieren. Trotzdem kommt es immer wieder, wie es im Titel eines einschlägigen Werks zum internationalen Recht heißt, zu „Regime-Kollisionen", die durch das chaotische Nebeneinander von globalen Normkomplexen und Konfliktlösungsinstanzen verursacht werden. Auf lokaler Ebene wiederum werden Regime identifiziert, die sich in der Kooperation von Vertreterinnen politisch eigentlich unvereinbarer Positionen zeigen – etwa im Interesse von Machterhalt und Handlungsfähigkeit (Stichworte: *urban regimes*, *regime politics*).

Der Regime-Begriff der Regulationstheorie

Während die Regimetheorie in der Wissenschaft von der internationalen Politik die Beschreibung und Bewertung von transstaatlichen und interinstitutionellen Arrangements anstrebt, geht es der neomarxistischen Regulationstheorie um Erklärungsmodelle mit einem historisch-evolutionären Kern. Sie setzt kapitalistische „Akkumulationsregime", Systeme von materieller Produktion und Konsumption wie Fordismus und Postfordismus, mit „Regulationsweisen", den politischen, legalen und ideologischen Kodifikationen dieser Regime, in Beziehung. Wie eine Gesellschaft zusammengehalten wird, „die aufgrund ihres ökonomischen Reproduktionsmechanismus strukturell von bestandsbedrohenden Krisen und sozialen Desintegrationsprozessen bedroht ist" (Joachim Hirsch)[31] ist eine der Leitfragen der

---

30 Vgl. Reinhard Meyers: „Theorien internationaler Kooperation und Verflechtung." In: Wichard Woyke (Hg.): *Handwörterbuch Internationale Politik*. 8. Aktualisierte Auflage, Opladen: Leske + Budrich 2000, S. 448–489, hier: S. 484.

31 Joachim Hirsch: *Kapitalismus ohne Alternative? Materialistische Gesellschaftstheorie und Möglichkeiten einer sozialistischen Politik heute.* Hamburg: VSA 1990, S. 18.

Regulationstheorie. Lutz Musner hat den Zusammenhang von Akkumulationsregime und kulturellen Phänomenen aufgezeigt, indem er darauf hingewiesen hat, dass (kulturelle) Bedeutungen sich immer aus den „wechselseitigen Verschaltungen und Vermittlungen von Kapitalakkumulation und sozialer Regulation"[32] ergeben. Die Regulierung unter Einbeziehung der Regulierten (und Bedeutung Gebenden) kann möglicherweise als eine Gemeinsamkeit der verschiedenen, in den Kulturwissenschaften zur Anwendung gekommenen Regime-Begriffe gelten.

Wahrheitsregime, Zeichenregime, Gouvernementalität: Foucault, Deleuze und Guattari

Dieser Regulierungsaspekt spielt auch in der von Michel Foucault sehr einfluss- und folgenreich in die Diskussion gebrachten Rede vom „Regime von Macht – Wissen – Lust"[33] eine entscheidende Rolle. Die regulierende Macht wird von Foucault dabei, anders als in konkurrierenden gesellschaftskritischen Modellen, nicht in erster Linie als unterdrückende, repressive gedacht, sondern als eine hervorbringende, produktive Kraft. Vor seiner machttheoretischen Wende hatte Foucault in *Die Ordnung der Dinge* (1966) bereits drei historische Regime, in Brüchen aufeinander folgende Wissens- und Wahrheitsordnungen unterschieden, die er „episteme" nannte: das Regime der Ähnlichkeit, das Regime der Repräsentation und das Regime der Geschichte. Später hat Foucault das „régime de verité" untersucht, jenen „Diskurstyp", der durch eine „Reihe von Praktiken gekennzeichnet ist, die ihn einerseits als Gesamtheit konstituieren […] und andererseits auf diese Praktiken in Begriffen des Wahren und Falschen gesetzgebend wirkt […]."[34] Das Wahrheitsregime wird so zu jenem

---

32 Lutz Musner: „Kultur als Textur des Sozialen." In: ders.: *Kultur als Textur des Sozialen. Essays zum Stand der Kulturwissenschaften*. Wien: Löcker 2004, S. 77–112, hier S. 88.
33 Michel Foucault: *Der Wille zum Wissen. Sexualität und Wahrheit I*. Aus dem Französischen von Ulrich Raulff und Walter Seitter. Frankfurt a.M.: Suhrkamp 1983, S. 21.
34 Michel Foucault: *Geschichte der Gouvernementalität II. Die Geburt der Biopolitik. Vorlesung am Collège de France 1978–1979*, hg. von Michel Sennelart, Frankfurt a.M.: Suhrkamp 2004, S. 36ff.

machtvollen Medium und Instrument, in und mit dem sich Legitimität und Illegitimität, Ein- und Ausschlüsse regulieren lassen, wobei es Foucault eben insbesondere darauf ankommt, dass ein solches Instrument das historisch spezifische Ergebnis des problematisierenden und problemlösenden Handelns und Verhaltens von Leuten in sehr konkreten materiellen Umständen ist.

Ebenfalls um einen Begriff von empirischer, nicht-metaphysischer Ordnung und Regelhaftigkeit bemüht waren Gilles Deleuze und Félix Guattari. In *Tausend Plateaus* [1980] und anderen Texten entwickeln sie eine wuchernde Taxonomie der Regime, allen voran der „Zeichenregime". Diese werden eingeteilt in „signifikante", „präsignifikante", „kontrasignifikante" und „postsignifikante".[35] In Zeichenregimen formalisiert sich danach ein spezifischer Ausdruck. Es handelt sich um „Äußerungsgefüge", die in linguistischen Kategorien nicht angemessen erfasst werden können.[36] Von Zeichenregimen werden unter anderem „Körperregime" (physische Systeme), das „leidenschaftliche Regime der Subjektivierung"[37] und „gekünstelte, metaphorische, verdummende Regime"[38] unterschieden. Im „Postskriptum über die Kontrollgesellschaften" (1990) spricht Deleuze, in Anlehnung an Foucault, vom „Gefängnis-Regime", vom „Schul-Regime", vom „Krankenhaus-Regime" und vom „Unternehmens-Regime", in denen jeweils signifikante, krisenhafte Veränderungen zu beobachten seien, genauer: die Etablierung eines neuen Regimes, die „installation progressive et dispersée d'un nouveau régime de domination" („der fortschreitende und gestreute Aufbau einer neuen Herrschaftsform").[39] Die Analyse der Transformationen von gesellschaftlichen Teil-Regimen führt hier zur Erkenntnis eines emergenten, eines neuen Typs der Dominanz.

Ein entscheidendes Merkmal dieser Dominanz ist ihre Streuung, ihre Dispersion. Die Gewalt geht nicht zentral von den Instanzen

---

35 Gilles Deleuze, Félix Guattari: *Tausend Plateaus. Kapitalismus und Schizophrenie* [1980]. Aus dem Französischen von Gabriele Ricke und Roland Voullié. Berlin: Merve 1992.
36 Ebd., S. 193.
37 Ebd., S. 202.
38 Ebd., S. 203.
39 Gilles Deleuze: „Postskriptum über die Kontrollgesellschaften". In: ders.: *Unterhandlungen. 1972–1990*. Aus dem Französischen von Gustav Roßler. Frankfurt a. M.: Suhrkamp 1993, S. 254–262, hier: S. 262.

und Institutionen des Staates aus. Vielmehr werden die staatlichen Organe und die Staatlichkeit ihrerseits mit Techniken, Netzwerken und Praktiken des Regierens, die sich dezentral entwickeln, konfrontiert und durch diese verändert. Mit einem Begriff von Foucault kann hier von einer „Gouvernementalisierung des Staates" gesprochen werden, einer permanenten und von keinem teleologischen Prinzip geleiteten Modifikation des Staates durch Praktiken der unterschiedlichsten gesellschaftlichen Akteur*innen. Deren Agenden und Rationalitäten, aber auch die Situationen, in denen sie entstehen, sind dabei keineswegs einheitlich, sondern können sich sowohl widersprechen als auch überlappen. Allerdings fehlt hier eine Theorie, die das Verhältnis zwischen den materiellen Ensembles von Praktiken und Verhaltensweisen, die Foucault als Formen des Regierens identifiziert, und den Regimen schlüssig klären würde. Für Foucault ist der Staat nichts weiter als der „bewegliche Effekt eines Regimes von mehreren Gouvernementalitäten".[40] Aber was genau unterscheidet ein „Regime" von „Gouvernementalität"? Wo liegt die Grenze zwischen Regime und Regierung?

Regime der Grenze, der Kontrolle, der Mobilität

Zur Klärung dieser Frage kann die Anwendung des Regime-Begriffs innerhalb der Migrationstheorie beitragen. Hier zielt ein Regime auf die Vermittlung gesellschaftlicher Strukturen und individueller wie kollektiver Praktiken. Wie Serhat Karakayali und Vassilis Tsianos von der „Transit Migration"-Forschungsgruppe betonen, die den Regime-Begriff erstmals systematisch in eine Theorie von Migration, Mobilität und Grenze integriert hat, wird dabei „das Verhältnis zwischen Handlungen der MigrantInnen und den Agenturen der Kontrolle nicht als binäres Subjekt-Objekt-Verhältnis gedacht."[41] Im

---

40 Michel Foucault: *Geschichte der Gouvernementalität II. Die Geburt der Biopolitik. Vorlesung am Collège de France 1978–1979.* Hg. von Michel Sennelart. Aus dem Französischen von Jürgen Schröder. Frankfurt a. M.: Suhrkamp 2004, S. 115 (korrigierte Übersetzung).
41 Serhat Karakayali, Vassilis Tsianos: „Movements that matter. Eine Einleitung." In: TRANSIT MIGRATION Forschungsgruppe (Hg.): *Turbulente Ränder. Neue Perspektiven auf Migration an den Grenzen Europas.* Bielefeld: transcript 2007, S. 7–17, hier S. 14.

Kontext dieser Theorie der Migration und der gegenwärtigen Grenzregime schlugen Tsianos, Dimitris Papadopoulos und Niamh Stephenson zudem die Begriffe des „Kontrollregimes" (*regime of control*) und des „Arbeits- und Prekaritätsregimes" (*regime of precarious life and labour*) vor. Sie definieren diese jeweils als „eine instabile, aber wirkungsreiche Allianz zwischen Kräften der Macht", die stets historisch spezifisch ist.[42] Dieser „Allianz" gegenüber, beziehungsweise in Auseinandersetzung mit ihr entstehen eine vagabundierende, deterritorialisierende „Mobilität" und die „verkörperte Erfahrung von Prekarität". Die Regime sind informell und temporär, aber gerade das macht ihre Wirksamkeit aus. Ihre Produktivität beschränkt sich dabei nicht auf die ständige Intensivierung von Kontrolle und Prekarisierung von Migrant*innen. Ihre Aktivität zieht Aktivitäten nach sich, die wiederum zu Prozessen der Anpassung, des Widerstands und der Erneuerung führen.

Geschlechterregime

Gerade unter neoliberalen Bedingungen scheinen Regime-Formen das Soziale besonders zu prägen. Im Hinblick auf Geschlechterverhältnisse hat die feministische Kulturwissenschaftlerin Angela McRobbie den Terminus des Geschlechterregimes verwendet, um Prozesse zu beschreiben, in denen vormals emanzipatorische Motive in die Neukonfiguration von Herrschaft integriert wurden. Freiheit und Autonomie sind auch – wie es in anderen Zusammenhängen in Bezug auf neue soziale Bewegungen herausgearbeitet wurde[43] – im Rahmen der Geschlechterverhältnisse zu zentralen Imperativen geworden, die affirmative Selbstkasteiung und konforme Regulierungen erst begünstigen. Anhand popkultureller Phänomene hat McRobbie

---

42 Dimitris Papadopoulos, Niamh Stephenson, Vasilis Tsianos: *Escape Routes: Control and Subversion in the 21st Century: Control and Subversion in the Twenty-first Century*. London: Pluto 2008, S. 77.
43 Vgl. etwa Olaf Kaltmeier, Jens Kaster, Elisabeth Tuider: „Cultural Politics im Neoliberalismus. Widerstand und Autonomie Sozialer Bewegungen in Lateinamerika." In: dies. (Hg.): *Neoliberalismus – Autonomie – Widerstand. Soziale Beegungen in Lateinamerika*. Münster: Verlag Westfälisches Dampfboot 2004, S. 7–30.

solche Imperative und ihre Bilder und Rhetoriken in Bezug auf das Verhalten von Frauen untersucht.[44] Was als fortschrittliches Empowerment daherkommt, entpuppt sich im neuen Geschlechterregime in den Worten McRobbies als „Retraditionalisierung".

Entscheidenden Anteil an der Ausdifferenzierung des Regime-Begriffs haben etwa seit den 1980er Jahren Feminismus und Gender Studies, insbesondere im Hinblick auf die normalisierenden Effekte heterosexueller Macht und Repräsentation. Das diskursive Regime hegemonialer Heterosexualität produziert in dieser, maßgeblich von Foucault inspirierten Perspektive normative Annahmen über „gesunde" Körperlichkeit und angemessenes Sozialverhalten sowie normalisierende, funktionelle Identitätszuschreibungen. So werden Natürlichkeit, Eindeutigkeit und Unveränderbarkeit von Geschlecht und sexueller Orientierung fundiert. Zu Beginn der 1990er Jahre wurde die Theorie der Regime der Heteronormativität in das Konzept der *gender regimes* oder Geschlechterregime überführt. Dies geschah unter feministisch-kritischer Bezugnahme auf eine andere Regime-Typologie, jener der „welfare regimes" des Politikwissenschaftlers Gøsta Esping-Andersen: „Während sich die frühen Konzeptualisierungen nur auf wohlfahrtsstaatliche Regulierungen im Hinblick auf die Erwerbsteilhabe und soziale Absicherung von Frauen bezogen, hat sich der Gender Regime-Ansatz seither wesentlich erweitert. Einbezogen werden auch nicht-staatliche Akteure sowie andere Politikfelder, und neben politischen Institutionen werden auch ökonomische und kulturelle Einflussfaktoren als Bestandteile von Gender Regimes betrachtet wie auch die Wechselwirkungen von Policies und sozialer Praxis der Geschlechterbeziehungen."[45]

---

44 Angela McRobbie: *Top Girls: Feminismus und der Aufstieg des neoliberalen Geschlechterregimes.* Wiesbaden: VS Verlag 2010.
45 Sigrid Betzelt: „‚Gender Regimes': Ein ertragreiches Konzept für die komparative Forschung." 2007, Literaturstudie, http://www.zes.uni-bremen.de/xml/arbeitspapierDownload.php?ID=D268 [Zuletzt aufgerufen am 13.01.2012]

Repräsentationsregime, ästhetisches Regime: Jacques Rancière

Schließlich gewann der Regime-Begriff in den Texten von Jacques Rancière in den letzten Jahren eine besondere Bedeutung für die kunsttheoretische Debatte.[46] Rancières Unterscheidung von Repräsentationsregime und ästhetischem Regime entwickelte auch deshalb eine besondere Resonanz im künstlerischen Feld, weil sie auf das verbreitete Begehren reagierte, politische und ästhetische Theorie enger auf einander zu beziehen. Als politischer Philosoph gebraucht Rancière den Begriff des Regimes in seinen ästhetischen und kunsttheoretischen Überlegungen allerdings mit strategischem Bedacht. Zwar vermittelt er Fragen von Dominanz und Teilhabe mit solchen der Aufteilung des Sinnlichen und der Reorganisation ästhetischer und künstlerischer Kompetenz im Übergang zur Moderne, er gibt aber die Grenze zwischen dem Ästhetischen und dem Politischen nicht preis. Ausführlich widmet sich Ruth Sonderegger weiter unten ab Seite 78 dem Regime-Begriff bei Jacques Rancière.

---

46 Vgl. Jacques Rancière: „Die Politik der Kunst und ihre Paradoxien". In: ders.: *Die Aufteilung des Sinnlichen. Die Politik der Kunst und ihre Paradoxien.* Hg. von Maria Muhle. Berlin: b_books/Polypen 2006, S. 75–100.

Diagram

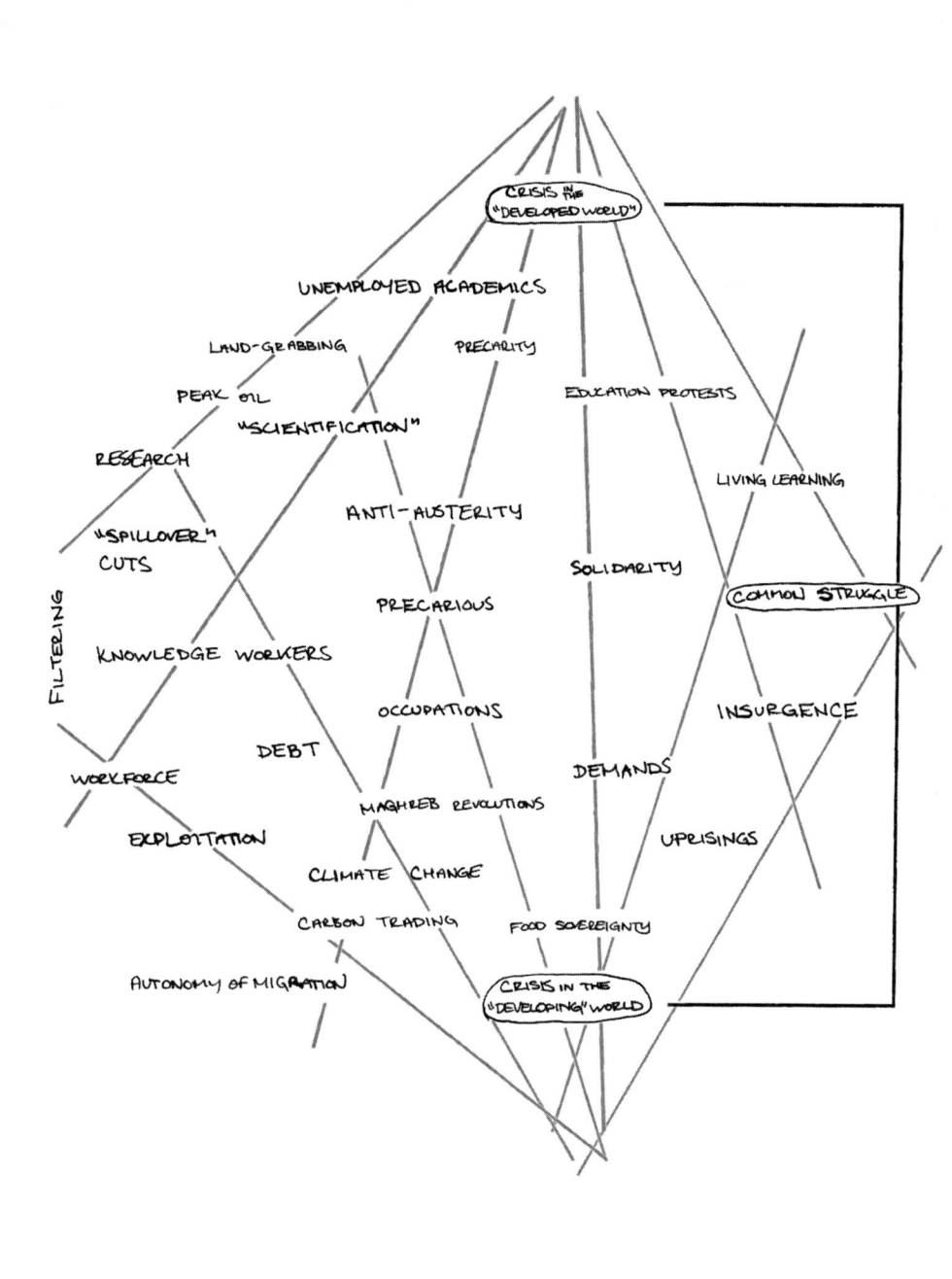

- **CRISIS IN THE "DEVELOPED WORLD"**
- **CRISIS IN THE "DEVELOPING" WORLD**
- **COMMON STRUGGLE**

FILTERING

- UNEMPLOYED ACADEMICS
- LAND-GRABBING
- PRECARITY
- PEAK OIL
- EDUCATION PROTESTS
- "SCIENTIFICATION"
- RESEARCH
- LIVING LEARNING
- "SPILLOVER" CUTS
- ANTI-AUSTERITY
- SOLIDARITY
- KNOWLEDGE WORKERS
- PRECARIOUS
- OCCUPATIONS
- INSURGENCE
- WORKFORCE
- DEBT
- DEMANDS
- EXPLOITATION
- MAGHREB REVOLUTIONS
- UPRISINGS
- CLIMATE CHANGE
- CARBON TRADING
- FOOD SOVEREIGNTY
- AUTONOMY OF MIGRATION

Timeline / Concept Map

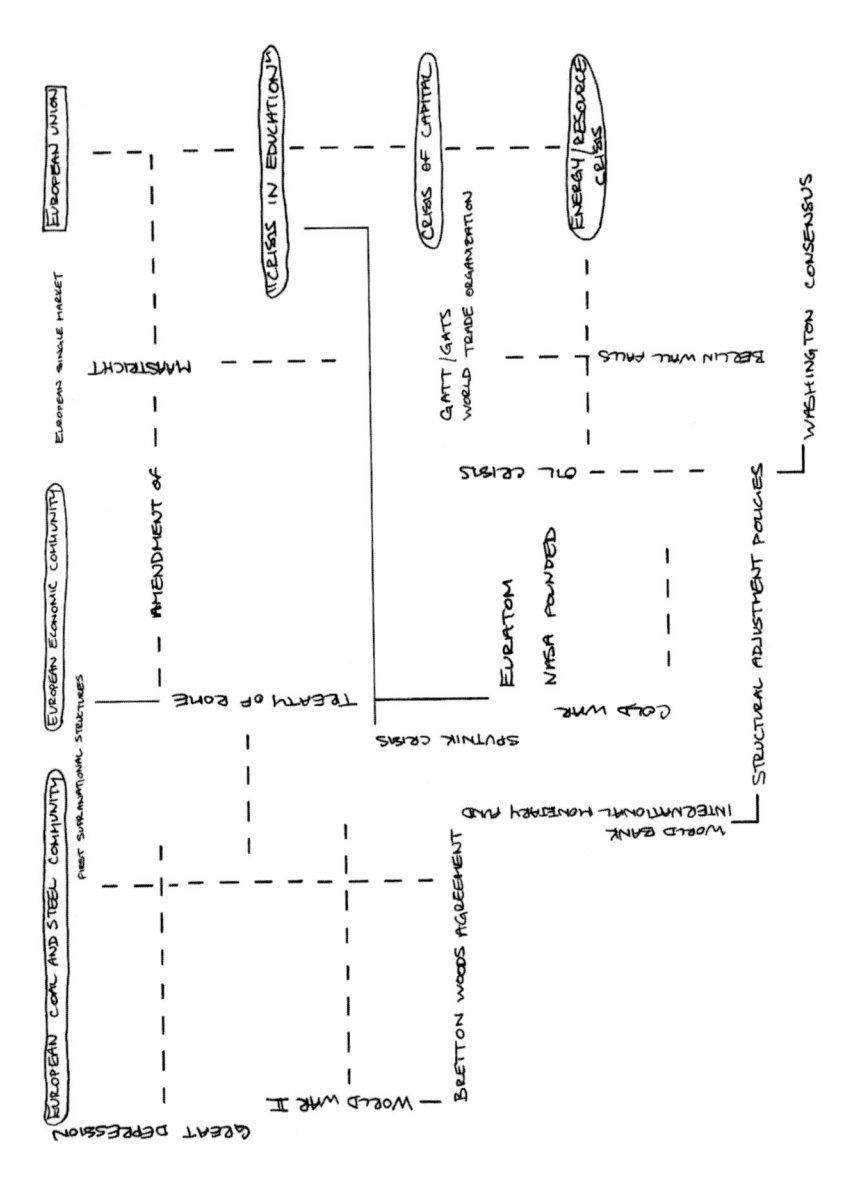

- **EUROPEAN UNION**
- **EUROPEAN ECONOMIC COMMUNITY**
- **EUROPEAN COAL AND STEEL COMMUNITY** — first supranational structures
- European single market
- MAASTRICHT
- AMENDMENT OF
- TREATY OF ROME
- "CRISIS IN EDUCATION"
- CRISIS OF CAPITAL
- ENERGY RESOURCE CRISIS
- GATT / GATS — World Trade Organization
- BERLIN WALL FALLS
- OIL CRISIS
- EURATOM
- NASA FOUNDED
- SPUTNIK CRISIS
- COLD WAR
- STRUCTURAL ADJUSTMENT POLICIES
- WASHINGTON CONSENSUS
- WORLD BANK / INTERNATIONAL MONETARY FUND
- BRETTON WOODS AGREEMENT
- WORLD WAR II
- GREAT DEPRESSION

Diagram

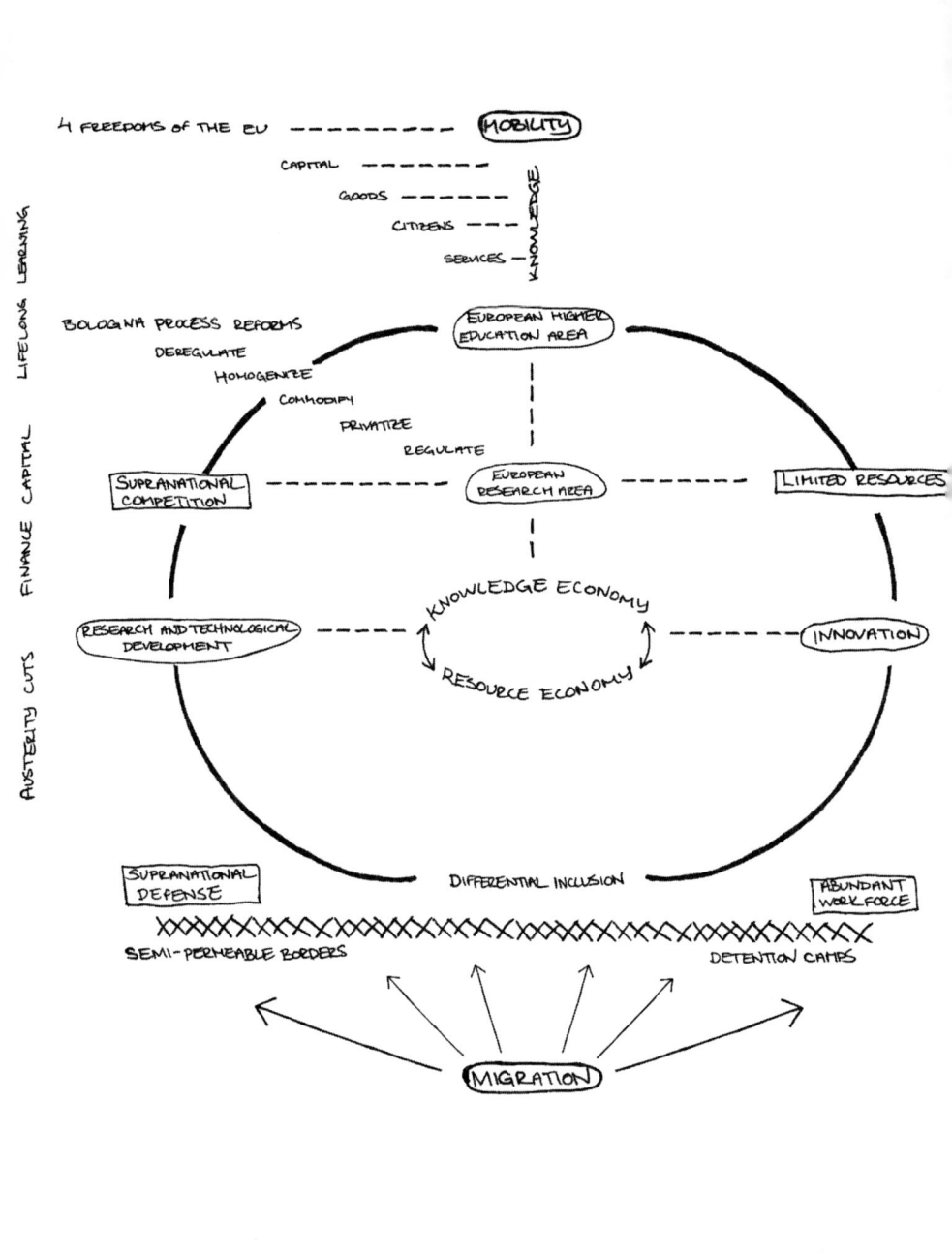

Left margin (top to bottom): LIFELONG LEARNING · FINANCE CAPITAL · AUSTERITY CUTS

Top:
- 4 FREEDOMS OF THE EU ---------- **MOBILITY**
  - CAPITAL ----------┐
  - GOODS --------   │ KNOWLEDGE
  - CITIZENS ----   │
  - SERVICES ---   ┘

Central circle (clockwise from top):
- EUROPEAN HIGHER EDUCATION AREA
  - BOLOGNA PROCESS REFORMS
    - DEREGULATE
    - HOMOGENIZE
    - COMMODIFY
    - PRIVATIZE
    - REGULATE
- EUROPEAN RESEARCH AREA
- SUPRANATIONAL COMPETITION ---------- LIMITED RESOURCES
- RESEARCH AND TECHNOLOGICAL DEVELOPMENT ---------- INNOVATION

Center: KNOWLEDGE ECONOMY ⇅ RESOURCE ECONOMY

Bottom:
- DIFFERENTIAL INCLUSION
- SUPRANATIONAL DEFENSE — ✕✕✕✕✕✕✕✕✕✕✕✕✕✕✕✕✕✕✕✕✕ — ABUNDANT WORKFORCE
- SEMI-PERMEABLE BORDERS .... DETENTION CAMPS
- **MIGRATION**

Lina Dokuzović

Bildung und Wissensproduktion sind heute bedeutende Schauplätze gesellschaftlicher Transformationen. Sie sind einerseits die Grundlage einer wichtigen Maschinerie zur Reproduktion dieser Transformationen; andererseits tragen sie dazu bei, die Masse auf ungelernte ArbeiterInnen zu reduzieren. Der Kampf gegen die Kommodifizierung von Wissen oder gegen Bildungsreformen spielt eine entscheidende Rolle, da er einen Angriff auf einen heute sehr tiefgreifenden Prozess darstellt. Die Dekonstruktion und Untersuchung der Überlappungen, die zwischen einer globalen Arbeitsteilung und dem Zugang zu Wissen bestehen, ist ein entscheidender Schritt nicht nur für ein Verständnis von Komplizenschaft und Verantwortung, sondern auch für den Aufbau einer übergreifenden Solidarität im Kampf gegen globale Formen der Unterdrückung.

http://eipcp.net/transversal/0112/dokuzovic/de

REGIMEFÄLLE 1

Gute Regierung, schlechte Regierung

Autonomie, schreibt Luis Hernández Navarro, „ist kein Regime, sondern eine Praxis."[47] Der mexikanische Journalist rekonstruiert in seinem Text die Geschichte der Autonomie in den zapatistisch kontrollierten Gebieten in Chiapas, dem südlichsten Bundesstaat Mexikos. Er betont dabei, dass das Konzept der Autonomie keinesfalls als ein auf präkolumbianische Sitten und Gebräuche rekurrierendes Programm zur Fixierung kultureller Differenz ist. Vielmehr sei die Autonomie als einerseits in den bäuerlichen und indigenen Kämpfen für eine gerechte Landverteilung und soziale Gerechtigkeit verankerte Strategie, andererseits als Schlüsselkonzept der Linken nach 1968 zu sehen. Neben der Forderung nach *Unabhängigkeit* von den Staatsapparaten habe die *Autonomie* in den Post-68er Jahren die Vorstellung einer bereits in Ansätzen gelebten Utopie innerhalb der aktuellen Organisierung beinhaltet. Kein Regime also, sondern eine Praxis.

Wenn die gegenwärtigen Regime aber auf der Einbeziehung von Verhalten und Praxis beruhen und auch deren kreativen und ehemals subversiven Partikel zu integrieren wissen, wie ist dann Praxis gegen Regime in Stellung zu bringen?

Der Regime-Begriff ist und bleibt diffus und meint als kapitalistisches Akkumulationsregime etwas anderes als in der gegenwärtigen Rede von Migrationsregime oder Genderregime. Worauf Hernández Navarro abzielt, ist dies: Jedes Regime, das kollektives Handeln ordnet und verbindlich zu regeln versucht, schließt die juristische und legalistische Absicherung dieser Regeln ein. Das Regime ist deshalb nicht allein ein Konglomerat aus Gesetzen, besteht aber auch aus diesen. Es nutzt, ließe sich daraus schließen, die Gesetze wie die Anreize

---

47 Luis Hernández Navarro: „Movimiento Indígena: autonomía y representación política." In: Giovanna Gasparello, Jaime Quintana Guerrero (Hg.): *Otras geografías. Experiencias de Autonomías Indígenas en México*. México D.F.: UAM 2009, S. 31–53, hier S. 47.

zur Beteiligung und die Ermutigung zur Kreativität zur Einbindung der Verhaltensweise in die Regime-Ökonomie. Die Autonomie basiert nicht auf vertraglicher Vereinbarung und meint auch nicht die „Selbstbestimmung" innerhalb eines Reservats. Sie entsteht, zumindest laut Hernández Navarro, aus Entscheidungen zum Ungehorsam. Da sie nicht vertraglich abgesichert ist, muss sie sich permanent praktisch erneuern. Insofern ist sie eine Praxis.

In den besagten zapatistischen Gemeinden allerdings gibt es durchaus Regeln, nur eben keine staatlich legitimierten. Nachdem die mit der mexikanischen Bundesregierung 1996 ausgehandelten Autonomie-Rechte von dieser und allen nachfolgenden Regierungen nicht umgesetzt wurden, entschlossen sich die Zapatistas 2003 eigenmächtig, die politischen Strukturen für eine weitgehende Selbstverwaltung einzurichten: Bildung, Infrastruktur, Gesundheit und Wirtschaft werden seitdem von den Gemeinden selbst verwaltet, jenseits der staatlichen Gremien. Koordiniert wird diese Autonomie von den Räten der Guten Regierung (*Juntas de Buen Gobierno*), so benannt in Abgrenzung von den als schlecht erachteten staatlichen Stellen. Diese Benennung scheint einerseits in einer dualistischen Logik verhaftet, die tendenziell immer zur gegenseitigen Reproduktion neigt. Nichts Gutes ohne das Schlechte und umgekehrt. Andererseits aber geht es um Repräsentationsformen, die nicht nur die für schlecht erachteten umkehren, sondern etwas anderes zu installieren versuchen. Was in den politischen Ämtern als Rechenschaftspflicht, Rotation und Abwählbarkeit an die libertären Versuche der Pariser Kommune und der Räte im Spanischen Bürgerkrieg anknüpft, wäre zugleich als repräsentationskritisch in einem weiteren Sinne zu verstehen: Die politische Stellvertretung wird nicht aus dem Alltag ausgegliedert und an andere Orte verlagert, das Dargestellte wird von den Darstellenden nicht in eine Institution gebannt.

Die Frage, was an dieser territorial gebundenen, bäuerlich-ruralen Autonomie übertragbar auf und nützlich für die Kämpfe in metropolitanen Gegenden sein könnte, wird seit Jahren ausgiebig diskutiert. In diesem Kontext steht auch der Beitrag von Hernández Navarro. Für die Diskussion um die Gegenregime ist zumindest die instituierende Praxis von Bedeutung, die in kleinen ungehorsamen Akten vielleicht ein paar Schranken und Riegel, oder, sagen wir es ruhig kämpferisch: Barrikaden gegen die Involvierung errichten kann.

Selbst wenn Autonomie kein Regime, sondern eine Praxis ist, bedeutet das nicht, dass jede (emanzipatorische) Praxis gefeit davor wäre, zur Konstitution und Reproduktion von Regimen beizutragen, so als wären die Gegensätze lebendiges Tun vs. bürokratischer Akt, Selbstbestimmung vs. Entfremdung oder Spontaneität vs. Institution überhistorische, essenzielle und statische Größen. Als kleinster gemeinsamer Nenner der verschiedenen gegenwärtigen Regime kann vielleicht gerade die Involvierung multipler Praktiken inklusive kritischer und distanzierender Verhaltensweisen gelten. Das bedeutet auch, dass die Frage nach „anderen" Praktiken, nach gegen-regimoiden Aktionen und Haltungen, eben tatsächlich eine Frage und nicht bereits die Antwort ist (die den hegemonialen die „anderen" Praktiken entgegensetzt). Denn „anderes Verhalten" ist gerade nicht als substanzielle Haltung zu begreifen, sondern als permanent zu erneuernde Praxis. Denn nichts schien etwa dem neoliberalen Regime lieber und wurde dankbarer von ihm aufgegriffen als die Übungen im „Anders Machen", die die nordamerikanischen und westeuropäischen Alternativbewegungen der 1980er Jahre geprägt haben. Vom „anderen" Journalismus und der „Anti-Parteien-Partei" wurden die Stile integriert und die Inhalte geschliffen. Auch die „Anders Reisen"-Reiseführer sind verschwunden, weil mittlerweile jedes Reisen „anders" ist. Mit der zapatistischen „Anderen Kampagne" – 2005 als basisdemokratisches Gegenmodell zu den Präsidentschaftswahlkampagnen ins Leben gerufen – ist es wahrscheinlich etwas anderes.

Bunker der Gegenverschwörung

Julian Assange, der Gründer von Wikileaks und seit den Veröffentlichungen der US-Geheimdokumente zu den Kriegen im Irak und in Afghanistan sowie der Geheimberichte US-amerikanischer Diplomaten von 2010 eine der weltweit meist diskutierten, aber auch gefährdeten öffentlichen Persönlichkeiten, hat seine Aufdeckungstätigkeit schon früh mit einer Theorie des Handelns und Verhaltens von „Regimen" begründet. Im Jahr 2006 veröffentlichte Assange im Internet den Essay „Conspiracy and Governance", der mit folgender

Aufforderung einsetzt: „Um auf radikale Weise das Verhalten von Regimen (*regime behavior*) zu verändern, müssen wir klar und mutig denken, denn wenn wir eine Sache gelernt haben, dann ist es die, dass Regime sich nicht ändern wollen." Assange meint hier in erster Linie „autoritäre Regime", zu denen er bekanntlich auch und vor allem die Vereinigten Staaten von Amerika zählt. Solche Regime würden ihr Überleben durch „verschwörerische Interaktionen" (*conspirational interactions*) und „kollaborative Geheimnistuerei" (*collaborative secrecy*) sichern. Jeder Widerstand gegen sie, der die Methoden des Geheimnisses und der Verschwörung aufzudecken versuche, müsse mit nackter Macht und brutaler Unterdrückung rechnen. Aus diesem Grund sei es für die Gegner solcher Regime dringend geboten, „technologische Veränderungen zu entdecken", die neue Möglichkeiten des Handelns eröffnen.

Die „technologischen Veränderungen", mit denen Regime, die sich nicht ändern wollen, bekämpft werden sollen, sind im Fall von Wikileaks freilich gar nicht so einfach zu bestimmen. Natürlich ist das Internet die Basis der widerständigen Operationen. Dem voraus gehen (und daran hängen) die Technologien (die Hard- und Software, die Ethik, das kollektive Wissen ...) der weltweiten Hacker-Community. Die Sicherheitsarchitekturen digitaler Netzwerke und Datenbanken, in all ihrer prinzipiellen Anfälligkeit, sind die technologischen Objekte, auf die sich die Technologien des Hacking richten. Aber das ist nicht alles. Um Großangriffe auf die geheimen Archive des Krieges, der Außenpolitik, des Finanzsystems und anderer Regime zu führen, wie Wikileaks dies tut, sind zudem beträchtliche ökonomische Ressourcen erforderlich, um allein die Serverleistung aufbieten zu können, die man braucht, damit das Datenmaterial weltweit verfügbar ist und bleibt. Diese ökonomischen Ressourcen werden nun kaum deswegen bereit gestellt, weil es sich bei Wikileaks um ein viel versprechendes Internet-Geschäftsmodell handeln würde. Die Unternehmen und Einzelpersonen, die das Wikileaks-Projekt unterstützen, sind nicht von den technischen Programmen, Geräten und Kompetenzen beeindruckt, die Wikileaks aufbietet, sondern von der Mission, dem ethischen und politischen Auftrag, dem Rebellen- und Märtyrerstatus, die Assange in die Waagschale wirft. Es sind die Verschwörungstheorien, die Appelle an Meinungs- und Pressefreiheit, die Anrufung einer

Whistleblower-Kultur der „Transparenz", das David-gegen-Goliath-Szenario, das Spektakel der Entblößung, die zusammen genommen wiederum ein Bild der Macht und jener „autoritären Regime" zeichnen, denen Assange den Kampf angesagt hat. Mit anderen Worten, die Auseinandersetzung mit Regimen ist nicht zuletzt eine Auseinandersetzung mit einem Regime-Imaginären. Das Regime, gegen das sich der Widerstand richtet, ist immer auch eine kulturelle und diskursive Produktion, eine Figuration aus Bildern und Begriffen. Gegen ein Regime zu kämpfen, bedeutet unweigerlich, sich mit der Ästhetik, den Formen und Rhetoriken des Regimes auseinanderzusetzen, mit den Bildern, die Regime von sich selbst anfertigen, und solchen, die während der Produktion von Gegenregimen entstehen.

Die Fotos aus dem Inneren eines ehemaligen Atombunkers hundert Meter tief unter dem Vita Berg Park im Zentrum Stockholms, wo gut gekühlt und anschlagssicher zwei der Großrechner von Wikileaks stehen und die brisanten Dateien aus dem konspirativen Dunkel der Großmacht an das Licht der globalen Öffentlichkeit befördern, sind gewissermaßen Porträtaufnahmen all der „technologischen Veränderungen", von denen Assange in seinem Essay spricht. Aber es sind auch Selbstporträts einer Phantasie von Widerstand. Entworfen und eingerichtet von einem Architekturbüro, das gezielt mit retro-futuristischen Assoziationen von Science Fiction und James Bond spielt, symbolisieren diese Bilder von Rechenanlagen und gläsernen Konferenzräumen in einer Felshöhle auch das Bestreben, mit den inkriminierten Regimen nicht nur technologisch, sondern auch ästhetisch zu konkurrieren.[48] Das wie für eine Fotostre-

---

48 Architecture of WikiLeaks: „Stockholm Cold War Bunker." In: *WebUrbanist*, 17. Dezember 2010, http://weburbanist.com/2010/12/17/architecture-of-wikileaks-stockholm-cold-war-bunker/
[Zuletzt aufgerufen am 13.01.2012]

cke in der Designzeitschrift *DOMUS* gestylte Interieur der Zentrale jenes Widerstands, der seit den Veröffentlichungen der schmutzigen, teils längst bekannten, teils tatsächlich unbekannten Geheimnisse aus deren digitalen Archiven als so außerordentlich bedrohlich für die wankende Supermacht USA gilt, wirkt wie die Spiegelung eines Traums von der Macht der Regime. Indem Wikileaks mit diesem High-Tech-Design in den Nachrichtensendungen prunkte, verrät das Unternehmen, das für eine Weile für das Spektakel zivilen Ungehorsams schlechthin stand, wie es sich das Spiel von Macht und Gegenmacht imaginiert. Zudem lässt die Inszenierung der Gegenmacht auf die Bilder einer angenommenen Macht rückschließen. Aber muss, wer CIA und Pentagon informationspolitisch zusetzen will, das eigene Hacker-Image noch um einen *corporate look* ergänzen, den Assange und Wikileaks offenbar so schätzen? Wie reproduzieren die Bilder von Widerstand, Kritik und Aufklärung jene Bilder, die sich Regime von sich selbst machen?

Repräsentation der Regime, Regime der Repräsentation

Begibt man sich im Internet auf die Suche nach Bildern, die das Wort „Regime" illustrieren könnten, bietet Google vor allem Pressefotografien von Diktatoren wie Muhammad el Ghaddafi an. Die Ikonografie der Gewaltherrschaft lässt an Eindeutigkeit und Personifizierung nichts zu wünschen übrig, und hier könnte auch die Debatte um die Bedeutung von „Regime" zur Ruhe kommen, wenn die Semantik des Begriffs sich nicht derartig verzweigt hätte, dass die Assoziation „Gewaltherrschaft" nur noch eine unter vielen ist. Julian Assange und seine Vorstellung von Regime und Gegenregime entsprechen dem vertrauten Muster: eine autoritäre, unbewegliche Macht, gegen die ein subversiver, mobiler, technologisch versierter Widerstand aufbegehrt. Das Bild des asymmetrischen Duells zwischen David und Goliath ist ungebrochen attraktiv. Wenn die eine Seite als übermächtig, aber sklerotisch und dogmatisch gezeichnet wird, die andere dagegen als schwach, aber wendig und erfinderisch, ist und bleibt dies eines der verführerischsten politischen Narrative. Auch was unter Namen wie „Multitude", „Autonomie" oder „99 Prozent" in den vergangenen Jahren und Jahrzehnten als antihegemoniale politische Subjektivität vorgeschlagen wurde, ist in vieler Hinsicht diesem Narrativ verpflichtet. Aber obwohl das Empire, wie es etwa Antonio Negri und Michael Hardt als transstaatliche, globale Formation theoretisiert haben, sicherlich als Regime bezeichnet werden kann, und die Macht des Kapitals und der Kriegsindustrie sich in Bildformeln wie der des verspiegelten Wolkenkratzers oder des hochgezüchteten Cybersoldaten ausdrücken lässt, wie unvollkommen auch immer, so ist weder mit solchen Feindbildern noch mit der ihnen entsprechenden Gegen-Ikonografie auch nur annähernd erfasst, wie Regime als entweder bewegliche, integrative, veränderliche Arrangements von Praktiken und Regeln oder als normative und normalisierende Handlungs- und Äußerungsrahmen operieren.

Die Frage, ob es überhaupt Repräsentationen von Regimen geben kann, wirft dabei zugleich die Frage nach den Regimen der Repräsentation auf. Denn die Ikonisierung eines „schlechten" politischen Regimes im Porträt eines finsteren (oder verrückten) Diktators oder der kapitalistischen Ausbeutung in der Fotografie eines Bankgebäudes ist ja nur *ein* Sonderfall der Visualisierung und dazu noch ein trivialer, bestimmten Abbildfunktionen und Sinnkonventionen verhafteter. Eine andere Strategie der Visualisierung von Regimen wäre die Aufzeichnung ihrer Artikulationen und Effekte. Das kann in scheinbar beliebigen Situationen geschehen oder in solchen der gezielten Inszenierung von Aspekten von Regimehaftigkeit. Für eine solche, dokumentarisch-impressionistische Vorgehensweise finden sich in diesem Band eine Reihe von Beispielen. Sie erlauben es, den Regimen bei ihrer Arbeit an den Affekten zuzusehen, das heißt dort, wo sie in ihrer Wirksamkeit, als rhetorische oder ästhetische Ereignisse, erfahren werden können.

Wenn die Manifestationen von Regimen (etwa der Schule und der Universität oder des Krankenhauses) fotografiert oder gefilmt werden, artikuliert die jeweilige Praxis der Visualisierung wiederum spezifische Regime, nämlich solche der Repräsentation. Wie eine Kamera verwendet, ein Mikrophon gehalten, ein Schnittprogramm bedient werden, ist nur als Effekt bestimmter, im einzelnen zu analysierender techno-sozialer Blick- und Bildregime zu verstehen. Regime können sich also gegenseitig zum Objekt werden, vorausgesetzt, ein Regime ist im Rahmen eines anderen überhaupt thematisierbar. Der Umstand, dass Regime unterschiedlicher Reichweite und Komplexität sich durchdringen und vermengen, bisweilen auch verdrängen, ist dabei nur für einen regimetheoretisch instruierten Blick erkennbar. Es ist eine diskursive Übereinkunft erforderlich, bestimmte Zusammenhänge, Ordnungsgefüge oder Ensembles von Praktiken und Regeln, als „Regime" wahrzunehmen und zu beschreiben. Dasselbe gilt für das Vorhaben, Regime mit visuellen Mitteln und Medien sichtbar zu machen. Der Blick (sowie dessen Instrumente oder Prothesen) muss entsprechend, das heißt ausgerichtet auf den Gegenstand Regime, eingestimmt, geschult, informiert sein. Andererseits ist zu bedenken, wie sich in der Produktion von Bildern ihrerseits bestimmte Regime artikulieren. Denn es macht einen Unterschied, in welchen Kontexten und vor welchen Horizonten die Akteur*innen der Bildproduktion handeln. Die Codes, Konventionen und Routinen einer Agenturfotografin leiten sich aus einer anderen Auffassung von Professionalität und einem anderen Praxiszusammenhang her als die Position in Bezug auf die Produktion von Bildern, wie sie etwa eine dokumentarisch arbeitende, aber im Kunstfeld verortete Künstlerin einnehmen würde.

Die bekannte Rede vom „Regime der Repräsentation" bedarf daher der Präzisierung. Mit dem Philosophen und Kunsttheoretiker Élie During könnte man sagen, dass es beim Begriff des Regimes weniger um ein „Register von bestimmten, stabilisierten Operationen, Formen oder Formaten" geht (eines Registers, das beispielsweise erlauben würde, an einem bestimmten Bild einen Stil im kunsthistorischen Sinne zu identifizieren) als um die „Weisen der Aktivität selbst".[49] During plädiert dafür, als „Regime" im Bereich der ästhetischen Vollzüge die empirische Dimension des künstlerischen Akts, dessen Prozessualität und Temporalität, zu bezeichnen, mit anderen Worten: die Spezifik einer Praxis. Die Konsequenz dieses definitorischen Vorschlags wäre eine Vielfalt von Regimen auch und gerade der

---

49 Élie During: „Quelques régimes d'expérimentation." In: ders., Laurent Jeanpierre, Christophe Kihm, Dork Zabunyan (Hg.): *In actu. De l'expérimental dans l'art*. Paris/Dijon: les presses du réel 2010, S. 361–392, hier: S. 365f.

Repräsentation, die sich – etwa mit Hilfe von Rancières Klassifikation der ästhetischen Regime – verteilen und aufgliedern ließe.

Um zurückzukommen auf die Frage nach der Repräsentation von Regimen ist also festzuhalten, dass jedes Bild, jede Darstellung, jede Dokumentation immer schon aus je spezifischen Regimen der Repräsentation resultiert, also eine wie auch immer „objektive" oder „neutrale" Repräsentation von Regimen unmöglich ist. Dazu gesellt sich die große (semantische) Konfusion, die bei der gleichzeitigen Verwendung unterschiedlicher Regime-Begriffe entsteht: Ja, das Fotoporträt eines bestimmten Diktators kann als Bild des mit diesem Diktator assoziierbaren Regimes gebraucht werden; in manchen Situationen mag es sogar sein, dass dieses Bild als das Bild einer ganzen Regime-Kategorie („Diktatur", „Schreckensherrschaft" usw.), gewissermaßen *pars pro toto*, Verwendung findet und verstanden wird. Aber was sagt dieses Bild zum Beispiel über das Regime der Porträtfotografie aus (gesetzt den Fall, man konnte sich auf die Existenz eines solchen Regimes überhaupt verständigen)? Es wäre zu untersuchen, ob und wenn ja: wie ein bestimmtes politisches Regime die Entstehung eines bestimmten Regimes der Repräsentation bewirkt; oder andersherum, wie ein bestimmtes Regime der Repräsentation die Entstehung eines bestimmten politischen Regimes befördert. Aber vielleicht müsste man ohnehin ein übergeordnetes Regime denken. Eines, das die Entstehung sowohl der politischen wie der ästhetischen Formen als aufeinander bezogene steuert und moduliert. Gemäß welcher Gesetzmäßigkeiten und Technologien Regime der Repräsentation auf politische Regime einwirken, müsste besonders dort gut zu studieren sein, wo die Akteur*innen der Regime (oder deren Beobachter*innen) den Versuch unternehmen, die Operations- und Funktionsweise des jeweiligen Regimes in Diagramm-Form zur Darstellung zu bringen. Werden etwa die Entscheidungswege und Organisationsstrukturen von transstaatlichen oder interorganisatorischen Governance-Komplexen veranschaulicht, zeigen die entsprechenden Grafiken immer wieder, wie ästhetische Ideale der Symmetrie, der Einprägsamkeit, der Dynamik usw., ob diese nun eingeholt werden oder nicht, das Handeln der Designer dieser Organigramme bestimmen, hier also Regime der Repräsentation wirken. Wie genau die resultierenden ästhetischen Gestaltungsmuster das Selbstbild und damit das Handeln der

Regime-Akteur*innen determinieren, wäre ein eigenes Forschungsgebiet, ohne deren Befunde sich über diese Frage nur spekulieren lässt. Doch dürfte außer Zweifel stehen, dass diese Repräsentationen der Regime Folgen haben. Und dass sie an den unterschiedlichen Punkten und Positionen von unterschiedlichem Nutzen für die Durchsetzung oder Bekämpfung bestimmter Ziele des jeweiligen Regimes sein werden.

Post Power Point

Visualisierung erhöht die Produktivität. Mehr Inhalte blieben im Gedächtnis, es könne effektiver gearbeitet werden und außerdem sei ohnehin die Mehrzahl der Nervenzellen im Gehirn, die für Außenreize zuständig sind, auf Bilder fixiert. Immer mehr Unternehmen arbeiten daher mit *Graphic Recording*. Statt Besprechungen weiterhin mit Power Point Präsentationen zu bestreiten, werden dabei Illustrator*innen eingeladen, die mit Filzmarkern die wichtigsten Inhalte der Redner*innen und die zentralen Punkte der Diskussion live und vor aller Augen auf eine Leinwand bannen. Die graphischen Aufzeichnerinnen und Aufzeichner in den USA sind organisiert im *International Forum of Visual Practitioners* (www.ifvp.org). Die *FAZ* zeigte sich begeistert von dieser Art der bildgestützten Effektivitätssteigerung und alle im Artikel zitierten Manager und Berater sowieso.[50] Was hier als neuer methodischer Trend gefeiert wird, hat durchaus paradigmatischen Charakter. Bilder werden den Betrachtenden nicht nur didaktisch vor- und damit politisch eingesetzt. Sie müssen in ihrer kollektiven Entstehung erschlossen werden und erfordern eine aktive Teilnahme der Rezipient*innen. Diese Partizipation wiederum wirkt selbst aktivierend und nicht zuletzt eben produktivitätssteigernd. Die Powerpoint-Präsentation, vor wenigen Jahren selbst noch der aus dem ökonomischen Feld übernommene Hype der Lehrenden aller Disziplinen, wird als einschläferndes Frontalunterrichtsunterfangen in die Geschichte der Didaktik verwiesen. Die letzten Reste sozialstaatlicher Logik, die mit ihrem Berieseln „von oben"

---

50 Julia Löhr: „Das Ende der Powerpoint-Parade." In: *Frankfurter Allgemeine Zeitung*, 17.12.2010, S. 17.

(Bürokratie, Podium usw.) auch einen Anspruch auf bedingungslose Zuwendung formulierten (und dabei Raum für dösende Notizen ließen), werden hier auf der Ebene der Bildvermittlung entsorgt. Das *Graphic Recording* als aktivierende Methode ist selbstverständlich bislang auf wenige finanzstarke Firmen und exklusive Kreise beschränkt. Aber wie jeder Trend sagt eben auch die Verwendung des *Graphic Recording* samt der feuilletonistischen Begeisterung dafür etwas über den konkreten Bereich seines Stattfindens Hinausgehendes aus. Es ist Ausdruck jenes Regimes, das die kollektiven Verhaltensweisen und Praktiken nicht mehr in erster Linie unterdrückt und knebelt, sondern stattdessen ihre Potenziale ausschöpft. Aktivierung, Partizipation, Aneignung – ehemals emanzipatorische Strategien werden auf diese Weise integrale Bestandteile einer Ökonomie der Herrschaft. Denn diese geht längst nicht mehr nach dem Muster der Manipulation vor, sondern setzt auf gemeinsame, kreative Prozesse. „Früher warb ein Unternehmen damit, das beste zu sein", erklärt ein angesichts der Social Media-Webseiten euphorischer Werbemanager, heute „fragt es seine Kunden, was es besser machen könne."[51]

Graphic Recording ist natürlich nur eine Methode und kann, wie jede Methode, für verschiedene Zwecke verwendet werden. So sind beispielsweise aus den Reihen der *Royal Society for the encouragement of Arts, Manufactures and Commerce (RSA)* verschiedene, auf Facebook und youtube kursierende Videos entstanden, die Vorträge des Kapitalismuskritikers David Harvey oder von Slavoj Žižek graphisch aufgezeichnet haben. Dennoch ist die Frage nach den Bildern von Widerstand und Aufklärung – das RSA führt den bescheidenen Untertitel „21st century enlightenment" – keine rein inhaltliche. Bildproduktion wie -rezeption als solche sind nicht unschuldig. Die Regime des Post Power Point zeichnen sich durch die Aktivierung und deren Indienstnahme zur Effektivitätssteigerung aus. Sich selbst ein Bild zu machen ist in diesem Kontext nie der selbstbestimmte Akt allein, auf den Aufklärung, kritische Theorie und kompensatorische Erziehung gezielt hatten.

---

51 Daniel Puntas Bernet : „Facebook verliert seine Unschuld." In: *NZZ am Sonntag*, 14.03.2010, S. 39.

Sicherlich, es gibt auch die „kollaborative Geheimnistuerei", von der Assange spricht und hinsichtlich militärischer Interventionen ist, worauf Judith Butler in letzter Zeit häufig hinweist, eine staatlich gelenkte, „konzertierte Aktion zur Regulierung des visuellen Feldes"[52] auszumachen. Aber die Zensur von Bildern aus Kriegsgebieten, mit der die US-Regierung die bildpolitische Konsequenz aus den aufrüttelnden Fotos und Filmen des Vietnam-Krieges gezogen hat, ist nicht die Matrix für ein viel umfassenderes Bildregime der Gegenwart. Zensur geschieht nach dem Muster der Manipulation, verbietet und hält zurück, verbiegt Sichtweisen und schränkt sie ein. Das Post Power Point-Regime basiert auf Beteiligung und Aufmerksamkeit, ermutigt und ermuntert, eröffnet Perspektiven und nutzt sie.

Uni sind wir

Auf der Promotionstour des Österreichischen Bundesministeriums für Wissenschaft und Forschung (BMWF) 2007 machten der damalige Minister Johannes Hahn und sein Team auch an der Akademie der bildenden Künste Station, um für die ministeriellen Zukunftsvisionen über Österreichs Universitäten Stimmung zu machen. Das Publikum nahm auf zu Promotionzwecken angefertigten Messemöbelboxen Platz, auf denen Slogans wie „Autonomie", „Uni sind wir" oder „Platz für Forschung" zu lesen waren (siehe Bildstrecke auf den Seiten 13–17). Begriffe wie „Autonomie", Sätze wie „Die Uni sind wir!" und das Einfordern von Raum für freie Wissenschaft bringt man wohl zunächst mit dem Kontext autonomer, kritischer Bildungspolitik und freier Wissenschaft in Verbindung. Nun aber fanden diese Begriffe im Rahmen der nationalen Bologna-Marketingstrategie und der modernen Hochschulökonomisierung Verwendung.

Ebenso wie das Terrain von Bildungspolitik umkämpft ist, sind es dessen Begrifflichkeiten und Diskurse. Der neoliberale Umbau der Gesellschaft geht mit spezifischen Rhetoriken und Veränderungen der Sprache einher. Neologismen ersetzen oder ergänzen traditionelle Begriffe, nehmen ihnen aber auch die Bedeutung, verändern und

---

[52] Judith Butler: *Raster des Krieges. Warum wir nicht jedes Leid beklagen.* Frankfurt a.M.: Campus 2010, S. 66.

verschieben sie. Ursprünglich emanzipatorisch konnotierte Begriffe und Formate der alternativen Wissensproduktion wie Autonomie, Kollektivität, Selbstorganisation, Selbstbestimmung, Flexibilität und Mobilität werden dabei übernommen und in die Logik der neoliberalen Reformen und Ökonomisierung der Lebensbereiche integriert.

Als „passive Revolution" bezeichnet Antonio Gramsci den Vorgang, durch den vormals umkämpfte Positionen „von oben" aufgenommen und in eine Herrschaftsstrategie integriert werden.[53] „Passive Revolution" verwendete er dabei als analytische Kategorie, um die Fähigkeit des Bürgertums zu verdeutlichen, in Krisenzeiten gesellschaftliche Modernisierungen zu initiieren, dabei Initiativen „von unten" aufzunehmen, zu transformieren und in einem erneuten hegemonialen Block zu bündeln. Gramsci folgend, ist darüber hinaus jegliches pädagogische Verhältnis immer auch ein hegemoniales Verhältnis und umgekehrt: Staat und gesellschaftliche Institutionen präsentieren sich als pädagogische Apparate, die Herrschaftswissen und bevorzugte Verhaltensweisen vermitteln wollen. Im Neoliberalismus, der hegemonialen Formation der Gegenwart, sind „Eigenständigkeit, Risikobereitschaft und Leistungsbewusstsein" die neuen Schlüsselkompetenzen dieser Bildung und „lebenslangen Lernen" wird zum zentralen bildungspolitischen Paradigma. Diese Entwicklung an den Universitäten und im Bildungssystem können also auch als „passive Revolution" der Gegenwart verstanden werden, wie es auch Andreas Merkens beschreibt: „Die Verwarenförmigung von Bildung und Wissen [...] geht einher mit der eingeforderten Subjektivierung von Bildungspraxen die in der ‚Ökonomisierung des Selbst' mündet. Dieser Typus des Lernenden, als ‚Bildungsunternehmer', erfordert von den Akteuren die permanente Ökonomisierung ihrer Bildungspraxen."[54]

---

53 Vgl. Antonio Gramsci: *Gefängnishefte*. Band 1, Band 6. Hg. Klaus Bochmann und Wolfgang Fritz Haug, 10 Bände. Argument: Hamburg 1991ff., sowie: Eva Egermann, Frigga Haug: „Kollektives Widerstandslernen organisieren!" In: Plattform MASSENUNI (Hg.): *Jenseits von Humboldt. Von der Kritik der Universität zur globalen Solidarischen Ökonomie des Wissens*, 2009, http://massenuni.blogsport.de/images/humbold_endversion.pdf

54 Andreas Merkens: „Neoliberalismus, passive Revolution und Umbau des Bildungswesens. Zur Hegemonie postfordistischer Bildung." In: Jutta Meyer-Siebert, Andreas Merkens, Iris Nowak, Viktor Rego Diaz (Hg.): *Die Unruhe*

Der Gleichheitsanspruch wird ausgehebelt und das autonome Lernsubjekt ist für den Erfolg oder Misserfolg ihrer Bildungspraxen selbst verantwortlich. Diese propagierte Kultur der „Selbstverantwortung" wie sie auf den Pappboxen des Ministeriums zu lesen ist (als „Autonomie" „Selbst Uni Sein" „Platz haben für Wissenschaft") fügt sich ein in schlanke Managementkonzepte der neoliberalen bildungspolitischen Reformen.

Apropos bildungspolitische Reformen: Das österreichische Universitätsgesetz 2002 (eingeführt in der Amtszeit des rechtskonservativen Regierungsbündnisses zwischen FPÖ und ÖVP) ist ein Gesetz, das eine massive Reorganisation universitärer Strukturen bewirkte, die sich als effektive Entdemokratisierung der Universitäten niederschlug.[55] Seine Implementierung bedeutete eine radikale Absage an eine Vorstellung von Universität als Ort der demokratischen Sozialisation der Studierenden und Lehrenden – eine Vorstellung, die die Universität auch als Erprobungsfeld gesellschaftlicher Demokratie imaginiert. Interessant ist nun, dass diese Prozesse der Entdemokratisierung, begleitet von solchen der „e-Bürokratisierung sowie Re-Zentralisierung strategischer und taktischer Entscheidungen in Bezug auf Forschung und Lehre, inklusive der Stellenbesetzungen (z. B. Abschaffung des Humboldt'schen Beamtenschutzes, Beschneidung der Rechte der Dozent*innen, Schaffung eines akademischen Prekariats, Ausrufung von „Orchideenfächern") und Ressourcenausstattung" (so Wolf-

des Denkens nutzen. Emanzipatorische Standpunkte im Neoliberalismus. Festschrift für Frigga Haug. Hamburg: Argument 2002, S. 171–182, hier S. 177.

55 2008, also im Entstehungsjahr des von Johannes Hahn in Auftrag gegebenen „Uni sind wir" Messemöbels, erarbeitete die Plattform universitäre Mitbestimmung (PLUM) ein Thesenpapier zur Reform des UG 2002, das, so die PLUM, „autoritäre Führungsstrukturen eingeführt und fachlich legitimierte Partizipation behindert" habe. In diesem Papier finden sich nicht nur zahlreiche Vorschläge für Regelungen zur „Erhöhung transparenter Entscheidungsfindungen unter fachgerechter Einbindung von Lehrenden und Studierenden", sondern ganz generell fordert es, dass die Dimension der demokratischen Informations- und Entscheidungsabläufe einen zentralen Stellenwert in zeitgenössischer Bildungseinrichtungen einnimmt. Das Thesenpapier findet sich auf http://plum.philo.at/#Reform+UG+2002 [Zuletzt aufgerufen am 13.01.2012]

gang Weber über die *Abschaffung der Demokratie an den Universitäten und was man/frau dagegen tun kann*)[56] beworben werden durch Schlagworte wie „Flexibilität", „Mitsprache", „Effizienz", „Qualitätssicherung" – und „Autonomie".

Besonders dicht aufgeladen ist in diesem Zusammenhang der Satz „uni sind wir". Denn diese Formulierung verwendet und verdreht eine alte, aus der sozialistischen Arbeiter*innenbewegung kommende Setzung: „der Staat sind wir" ist diese Formulierung, die in zahlreichen selbstorganisierten linken Zusammenhängen ihr Echo und ihre rhetorische Wiederholung fand. Flankiert wird dieser Satz, in nüchtern-funktionaler Univers auf eine Plakatwand gesetzt, von einer ihre Konstruiertheit ausstellenden, an do-it-yourself und Messe erinnernden Ausstellungsästhetik, die in Kunstkontexten vor allem durch die Info-Ästhetik der späten 1980er Jahre und frühen 1990er Jahre Einzug hielt – einer Ästhetik selbstorganisierter Gruppenkontexte, die sich für Recherche, Ortsspezifik, Dokumentation, Transparenz und das Initiieren von Diskussion interessierten. Oft ist mittlerweile darauf hingewiesen worden, wie sehr diese Arbeitsformen, die ja auch einen spezifischen Angriff auf eine herrschende Kunstideologie formulierten, sich auch als geeignete Begleiterinnen einer neoliberalen Gouvernmentalität erwiesen, wie sie also auch dazu beitrugen, einer Weise der Selbstregierung zur Herrschaft zu verhelfen, die unter dem Vorzeichen einer völligen Universalisierung der Marktmechanismen steht.[57]

Diese Übernahme der Ästhetiken und Poetiken linker Selbstorganisation, ihre neoliberale Umfunktionalisierung, bedeutet mit Brecht gesprochen, „Bewegungsraub", also einen Werte-umkehrenden Klau, durch den effektiv auch die Erinnerungen und das Gedächtnis an andere praktizierte Alternativen gestrichen wird – Alternativen, die mit Selbstorganisiertheit, radikaldemokratischen Ansprüchen und

---

56 Wolfgang Weber: „Mitbestimmung ist nicht effizient (für wen?) – Zur Abschaffung der Demokratie an den Universitäten und was man/frau dagegen tun kann" (Abstract), http://www.kritischeuni.at/?p=262 [Zuletzt aufgerufen am 13.01.2012]

57 Vgl. Ulrich Bröckling: *Das unternehmerische Selbst. Soziologie einer Subjektivierungsform*. Frankfurt a.M.: Suhrkamp 2007.

einer Vorstellung von Autonomie als möglichst wenig von Kapitalinteressen bestimmt zu tun hat.

Was unmittelbar bleibt, ist das Begehren nach Regimestörungen, wie sie das selbsternannte BMWF (Bundesministerium for Wasted Futures) während der Veranstaltung initierte. Das Bundesministerium for Wasted Futures intervenierte in Hahns Veranstaltung auf der Akademie und verteilte eine „Gegenbroschüre", die sich der Hahn'schen Ästhetiken bediente, um mit Hilfe von Statistiken und Texten auf die strukturellen Diskriminierungen migrantischer Studierender hinzuweisen.

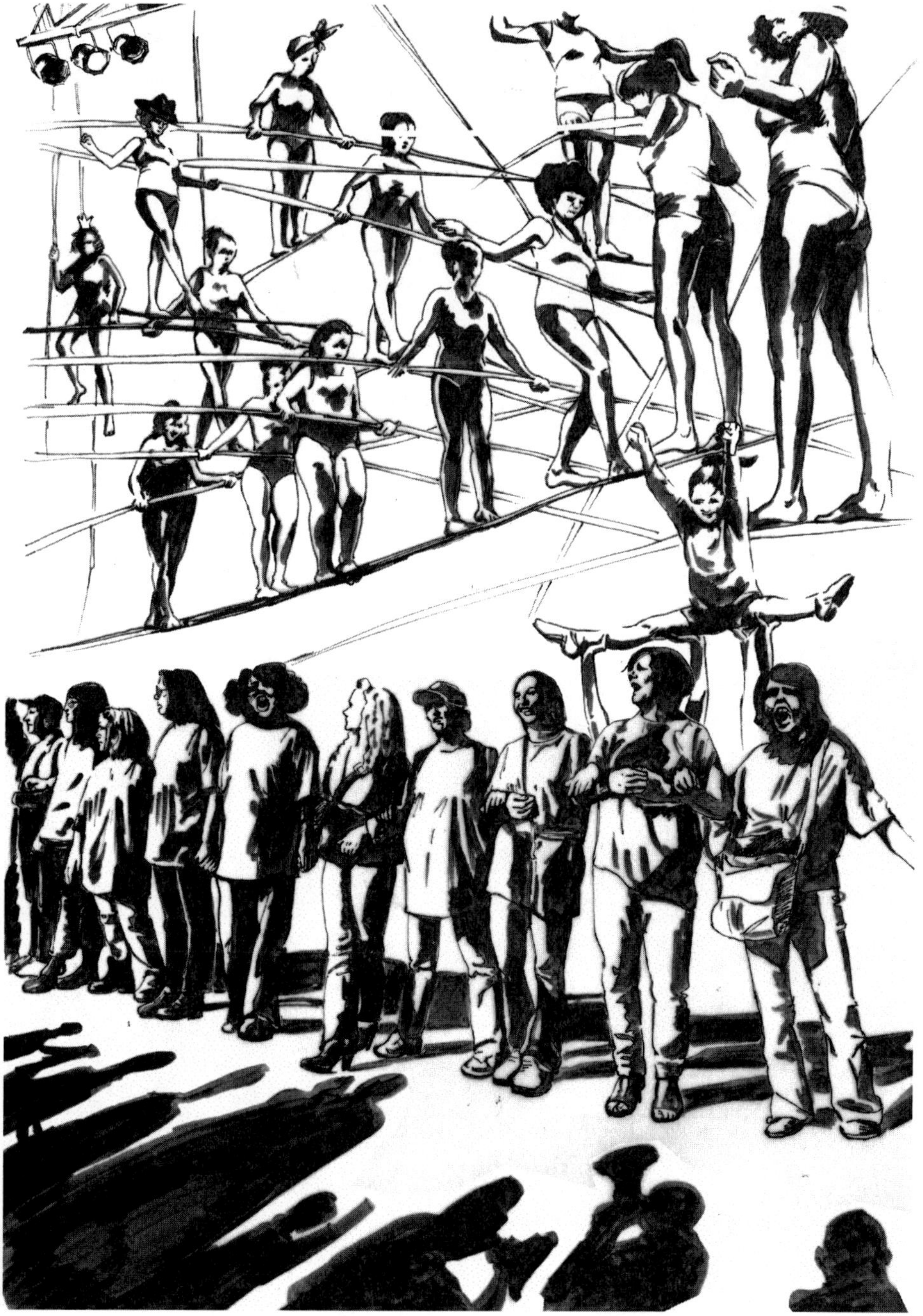

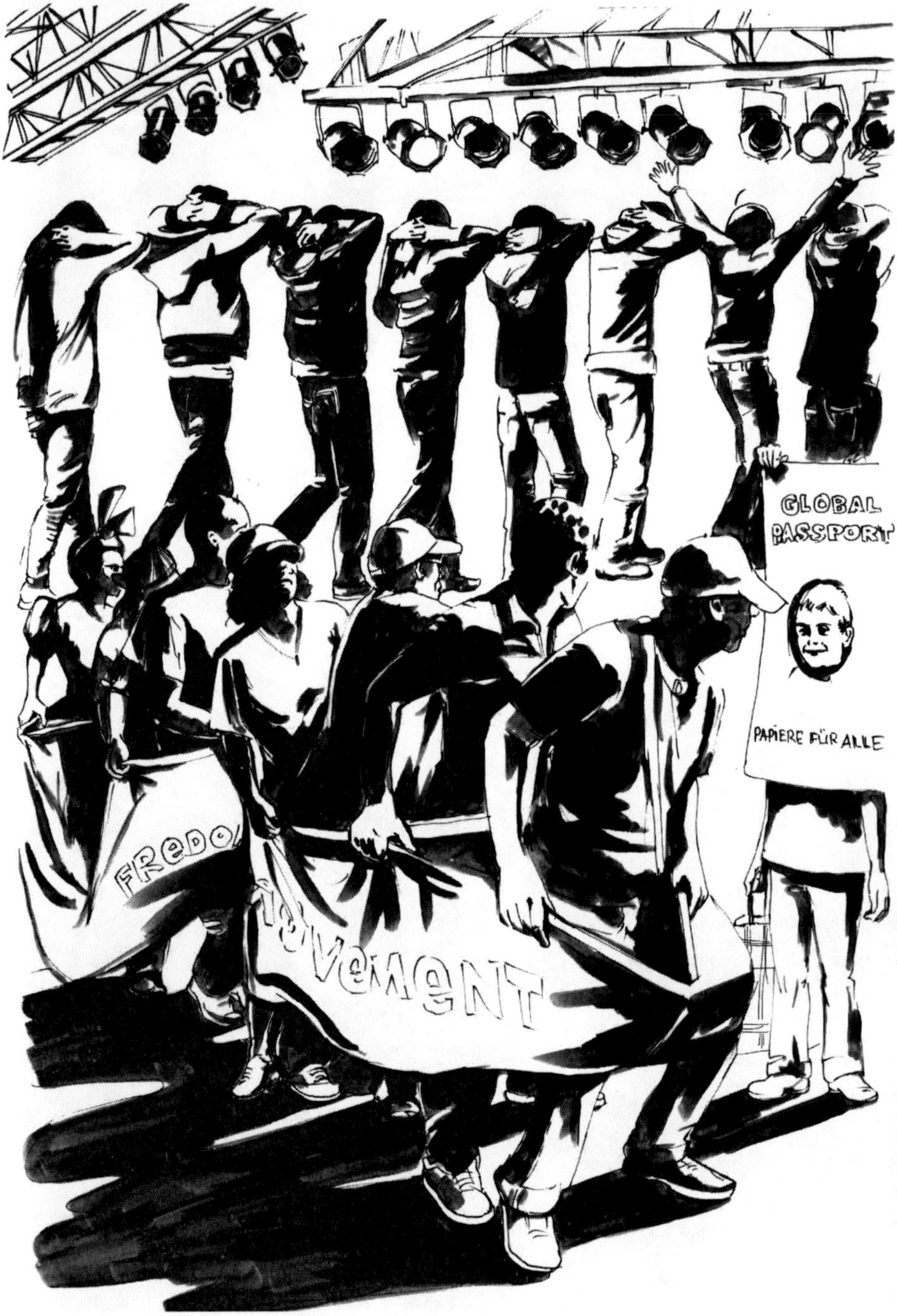
GLOBAL PASSPORT
PAPIERE FÜR ALLE

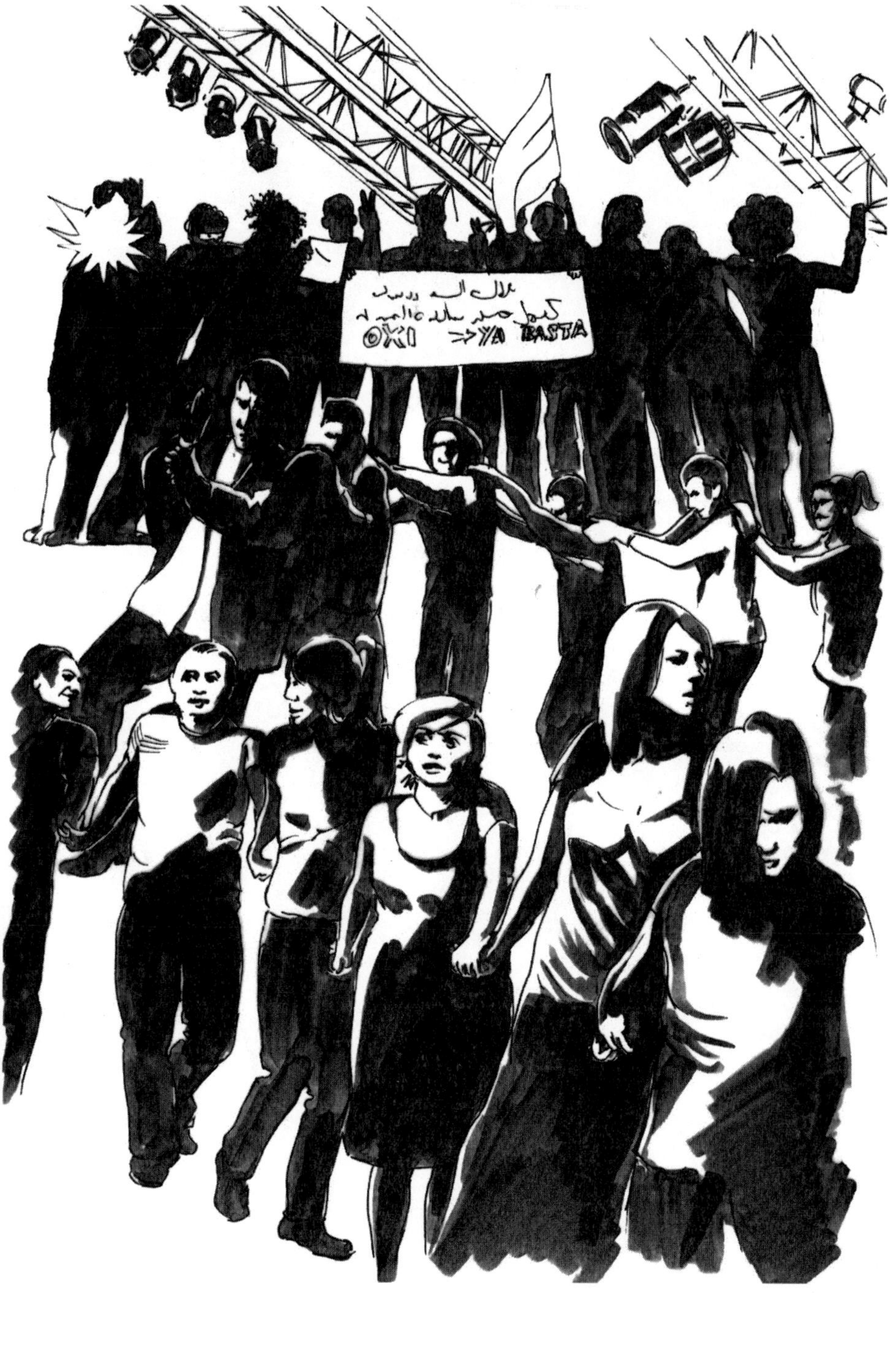
OXI =>YA BASTA

FOR ALL
There is no alternative/TINA?
but we have to win!
Magical
Marxism
Subscribe
Please can I have:
good Live
Democracy
oh so?
★ fuck the crisis
organising
Die Wurzeln der Aufstände, yeah!
hey sex-y babe
imagine all the people
working for a change?

We talk – We act – We move ! Can we?
Yes we can! 2 - 3 - 4 - 5
Serie! 2011/12

   Schwarz-hell-dunkelgrau-weiße Illustrationen von Kollektiven und Formationen der feministischen, migrantischen, studentischen, queeren, oder anderer sozialer Bewegungen, miteinander verbunden und aufeinander zukommend, händehaltend, umarmt, schreiend, tanzend, jubelnd, streikend, balancierend, den Ozean überquerend…
   Organisierungs-, Bildungs-, und Protestformen, die mit Scheinwerfern beleuchtet werden, so dass ihre Protagonist*innen sich als handelnde Subjekte auf einer permanenten Bühne zwischen Entertainment und/oder emanzipatorischem Geschehen befinden.
   Welche regimoiden Verhältnisse tricksen wir in diesem Zustand aus, welche werden wir los? Und lässt sich durch das Suchen und Erproben von Emanzipatorischem ein kollektives Verlassen des „gängigen Regierens" bewerkstelligen? Aber wie dann agieren?

DISKUSSION

Konfrontation und Verschränkung: Diskussionsrunde zu politischen und ästhetischen Regime-Begriffen

Im Folgenden dokumentieren wir Auszüge aus einer Diskussion, die auf dem eingangs erwähnten Symposium *Regime. Wie Dominanz organisiert und Ausdruck formalisiert wird* am Nachmittag des 28. Mai 2010 nach einem Vortrag von Ulrich Brand zu Internationalen Regimen stattfand. Die Redebeiträge stammen von dem Politikwissenschaftler Ulrich Brand (UB), der Politikwissenschaftlerin Manuela Bojadžijev (MB), Petja Dimitrova (PD), Ruth Sonderegger (RS), Tom Holert (TH), dem Politikwissenschaftler Ilker Ataç (IA), Johanna Schaffer (JS) und uns namentlich nicht bekannten Teilnehmer*innen (ABC). Der in der Diskussion geäußerten Skepsis hinsichtlich der Nützlichkeit des Regime-Begriffs wollen wir an dieser Stelle nochmals Gewicht verleihen. Denn die Diskussion verdeutlicht, wie unterschiedliche disziplinäre Hintergründe die Verwendung des Regime-Begriffs prägen. Da wir gerade an der Konfrontation und Verschränkung politischer und ästhetischer Begriffe interessiert sind, erschien uns der hier dokumentierte Teil der Diskussion besonders relevant.

UB: Was sind andere Zeitdiagnosen internationaler Politik und internationaler politische Ökonomie? Welches sind sozusagen die Konkurrenzangebote zum Regime-Begriff? Das sind etwa jene wie kapitalistische, neoimperiale und imperiale Globalisierung, der Begriff des „Empire" von Michael Hardt und Antonio Negri, „Neuer Imperialismus" von David Harvey, oder „Ultraimperialismus" von Karl Kautsky. Ein Begriff, mit dem ich arbeite, ist der der „Internationalisierung des Staates". Er bezeichnet, wie sich Politik institutionell dahingehend re-konfiguriert, dass sie nicht nur auf nationalstaatlicher Ebene stattfindet. Ich möchte hier diese Begriffe gar nicht so genau ausführen, sondern das alternative Theorieangebot zum Regime-Begriff andeuten.

Meine Ausgangsüberlegung lautet: Aus meiner Sicht wird im Regime-Begriff die Vielfältigkeit von Herrschaft ausgeblendet. Aber wir brauchen Begriffe, um die Vielfältigkeit von Herrschaft zu verstehen. Ich möchte später einige solcher Begriffe, die ich noch immer für wichtig und gut halte, vorstellen. Aus meiner Sicht sollten wir den Regime-Begriff rein herrschaftsanalytisch verstehen. Was sind die Strukturen und Modi staatlicher und internationaler Politik? Das halte ich für wichtig, da sie auch ein Teil der Bedingungen des Widerstands sind. Widerstand kann nicht voluntaristisch sein. Natürlich müssen wir Brüche denken, und natürlich begehren Menschen mit einem Mal auf. Aber auch die Proteste gegen Bologna und die Umstrukturierungen der Hochschulen fanden Handlungsbedingungen vor: Die Rektorate, die Medien, bestimmte Budgetzwänge usw. Ein erweiterter Regime-Begriff kann uns helfen, zu verstehen, unter welchen Bedingungen routinemäßig gehandelt wird. Da kann uns die Herrschaftsanalytik helfen. Aber natürlich auch, wenn es Protest und Widerstände gibt. Was sind dann die Bedingungen von Widerstand? Ein Aspekt scheint mir hier wichtig: Regimestörungen sind sinnvoll, ich würde sie aber nicht nur auf den offenen Widerstand reduzieren. Wir müssen auch Regimestörungen in unseren Alltagspraxen denken. Das ist natürlich viel schwieriger und widersprüchlicher als offene Proteste. Aber auch das würde ich in das Feld der Regimestörung sortieren.

Zunächst aber: für Subversion und Widerstand scheint mir die Frage danach, wie individuell, kollektiv und institutionell, Praxen, Verhältnisse und Selbstverständlichkeiten irritiert oder auch verändert werden können, zentral zu sein. Wie können die Universitäten wieder zu gesellschaftlich relevanten Akteur*innen werden, wo stärker und entschiedener an den realen Problemen gearbeitet wird? Wo erfüllen bestimmte Institutionen dieser Gesellschaft wieder bestimmte Aufgaben, die diese Gesellschaft dringend benötigt? Das sind Eingriffe in Praxen, das sind Veränderungen von Praxen. Meines Erachtens sollten wir das Begriffsarsenal, das wir haben, nicht einfach so aufgeben. Wir sollten den Regime-Begriff abklopfen, aber nicht vorschnell Begriffe von Gouvernementalität, Hegemonie und Gegenhegemonie etc. aufgeben. Das sind ja Begriffe, mit denen wir seit zwanzig, dreißig Jahren oder auch länger versuchen, die Verhältnisse zu begreifen.

Ich möchte nun einen Schritt weitergehen und den Regime-Begriff in meinem wissenschaftlichen Feld in den Blick nehmen. Aus meiner Sicht ist der Regime-Begriff – im Feld der Internationalen Politik – für eine herrschaftskritische Perspektive unbrauchbar. Man kann ihn nicht alternativ besetzen. Ich selber arbeite z. B. seit zehn Jahren kritisch zu dem Begriff der Global Governance, indem die vielen Ausblendungen benannt werden, die Funktionen als herrschaftliche und eben partielle Deutung der Verhältnisse. Doch der Mainstream, auch der kritische Mainstream hat diese Diskussion nicht zur Kenntnis genommen. Hier wird knallharte Wissenspolitik betrieben. Das wirft die Frage auf: Auf welche begrifflichen Terrains, die ja nicht unbeschrieben und unstrukturiert sind, begeben wir uns? Vielleicht war der Begriff des Migrationsregimes in einer bestimmten Situation ganz stark von kritischen Perspektiven bestimmt. Für das, was ich jetzt vorgestellt habe, den Regime-Begriff der Disziplin der Internationalen Politik, wäre ich da eher skeptisch. Meine Frage an Euch richtet sich nach der Formalisierung von Ausdruck, bzw. der politischen Ästhetik von Herrschaft. Was bedeutet das, und was können wir da begreifen?

PD: In den Regime-Begriff eingeschrieben ist doch auch die Bedeutung der Steuerung? Diese Steuerung im Sinne eines Herrschaftsmechanismus ist natürlich grundlegend problematisch. Was aber bedeutet sie auf dem Terrain der ideologischen Kämpfe?

UB: Der Steuerungsbegriff transportiert eine rationalistische Politikvorstellung: Es gibt Probleme und die werden über Agenda-Settings dann zu politischen Problemen. Darauf gibt es Politikformulierungen, Implementierung und Evaluation. Doch was ist das Problem? Ist nun zum Beispiel der Klimawandel ein Problem der CO_2-Emissionen oder ist es ein Problem des kapitalistischen Industrialismus? Das sind ja zwei ziemlich unterschiedliche Definitionen. Müssen wir CO_2 reduzieren oder müssen wir den industriellen Kapitalismus umbauen? Eine Ideologie bezeichnet die Verhältnisse des Denkens über Praxen, d. h. die Selbstwahrnehmung und politischen Praxen der Akteure selber, der *policymakers* sozusagen. Die Politiker*innen denken ja, sie machten ernsthaft Politik. Und die Regimetheorie will nun bestimmte Korridore ein- und anleiten, entlang derer Politik gut und sinnvoll und rational zu machen ist. Es findet auch eine Korridorisierung von Konflikten statt. Denn der hier zugrundeliegende Konfliktbegriff ist einer des Parteienkonflikts oder des Konflikt zwischen Regierungen und nicht einer von mannigfaltigen gesellschaftlichen Konflikten. Dies ist die Ebene der Auseinandersetzungen über Medien und Diplomatie und über die großen Männer und Frauen der Weltgeschichte, vor allem über die Männer. Das würde ich als ‚ideologisch', als Selbstdeutung des Tuns der herrschenden Akteure bezeichnen. Das alles transportiert der Regime-Begriff in meiner wissenschaftlichen Disziplin.

ABC: Mich würde wiederum das Verhältnis zwischen Subversion und Regime interessieren. Wie kann man im System sein und Widerstand praktizieren und vor allem, ab wann ist Widerstand denn widerständig oder noch systemkonform, in einem variablen System bzw. Regime? Das ist also die Frage danach, ab wann widerständiges Handeln in einem System sinnvoll ist, da das System dadurch nicht verstärkt, sondern verändert wird, oder wann ist es ein regimeverstärkendes Element?

UB: Ich würde den Systembegriff ablehnen. Ich halte ihn für nicht brauchbar, denn er beschreibt etwas mehr oder weniger Geschlossenes und beinhaltet damit auch die Vorstellung, es gäbe ein Außerhalb davon. Zum Beispiel das „System kapitalistischer Privatunternehmen und Banken" und ein Draußen. Ich würde eher von sozialen Verhältnissen sprechen. Wie sind wir alle kollektiv und individuell, unterschiedlich natürlich und mit verschiedenen Machtressourcen, eingebunden in soziale Verhältnisse der ökonomischen Reproduktion, des Politikmachens, von Bildungs-Verhältnissen oder etwa sexistischen, rassistischen Verhältnissen, die wir alltäglich reproduzieren? Und: Wie können diese nun umgebaut werden? Das ist eine empirische Frage. Wie können nun formulierte Ansprüche an einen emanzipatorischen, herrschaftskritischen Umbau aussehen? Wie werden diese überhaupt formuliert? Vielleicht werden sie ja gar nicht formuliert. Und vor allem: Wie werden sie praktisch?

Dabei gibt es ganz viele Grautöne. Ich möchte eine für mich enorm spannende Erfahrung mit Euch teilen. Ich war heute von der Produktionsgewerkschaft eingeladen. Sie haben einen Artikel von mir gelesen, in dem ich für Arbeitszeitverkürzung argumentiert habe, und so habe ich heute vor ca. 300 Betriebsrät*innen und Gewerkschafter*innen einen Vortrag über Arbeitszeitverkürzung gehalten. So eine kämpferische und wütende Stimmung habe ich schon lange nicht mehr erlebt.

Die Gewerkschaft hat bei über tausend Leuten eine Umfrage gemacht und viele Mitglieder der Produktionsgewerkschaft und der GPA wollen nun die Arbeitszeitverkürzung als politisches Programm vorantreiben. Das ist sehr wichtig. Meine Argumente innerhalb des Vortrags waren aber: Es geht nicht nur um Arbeitszeitverkürzung und Lohn, sondern es geht um einen sozial-ökologischen Umbau, es geht um geschlechtsspezifische Arbeitsteilung, um eine Kritik am Produktivismus und Exportismus. Diese Themen aber wurden auf der Veranstaltung weniger gehört.

Alle haben sich nur gefragt: wie kriegen wir gute Löhne durch und Arbeitszeitverkürzung? Das finde ich einen völlig legitimen Kampf, aber damit bleiben die Gewerkschaften im Korridor eines Produktivismus. Dieser Produktivismus wird dann noch angefeuert, indem sie sagen „Österreich muss konkurrenzfähig sein". Alles, was über die Akzeptanz sozialer Verhältnisse hinausgeht, wird dabei ausgeblendet. Wie kann aber nun – da bin ich alter Gramscianer – am Alltagsverstand angeknüpft werden? Wo gibt es gegebenenfalls doch Unmut über die politischen und ökonomischen, die kulturellen und ökologischen Verhältnisse, an den angeknüpft werden kann? Wie kann ein neuer, emanzipatorischer Alltagsverstand zu einem kohärenten Weltbild und entsprechenden Identitäten und Praxen gearbeitet werden? Das halte ich für ein produktiveres Denken. Wenn wir an unsere Verhältnisse an den Hochschulen denken, wird ganz klar, wie wir uns überwiegend innerhalb dieser sozialen Verhältnisse bewegen.

JS: Ich würde gerne eine Übersetzung dieser Überlegungen in einen Rahmen versuchen, der von der Zentralität der ästhetischen Dimension ausgeht. Ästhetik verstehe ich an der Stelle als eine Frage nach Wahrnehmungsformen. Wie wird Wahrnehmung formiert, und welche Formen sind überhaupt wahrnehmbar? Die Frage unseres Workshops lautet ja „Wie wird Dominanz über die Formalisierung von Ausdruck organisiert?" Ich gebe zwei Beispiele dafür, wie eine solche Übersetzung aussehen kann. Das erste Beispiel ist eine Formulierung von Althusser, der sagt, „Der Widerstand und die Kämpfe der Arbeiter*innen müssen sich in den Artikulationsformen der bürgerlichen Klasse artikulieren, anders sind sie nicht repräsentierbar." Das ist ein Repräsentations- und das heißt hier: ein ästhetisches Problem, ein Darstellungsproblem. Ich könnte also Ihr Beispiel der Umformulierung Ihrer Fragen durch die Gewerkschafter*innen in eine den Produktivismus akzeptierende Darstellung als ein solches ästhetisches Problem formulieren.

Das zweite Beispiel betrifft das, was Judith Butler und andere als eine der effektivsten Taktiken politischer Zensur thematisieren – nämlich Beschämung. Das heißt, jemanden überhaupt nicht die Position eines ernstzunehmenden sprechenden Subjekts einnehmen zu lassen, weil man z. B. suggeriert, die Person sei überhaupt nicht als ernstzunehmendes Subjekt lesbar. Wenn ich also in bestimmten Positionen entlang herrschender Grammatiken nur halblesbar bin, komme ich überhaupt nicht dazu, als sprechendes Subjekt ernst genommen zu werden. Das betrifft zum Beispiel Kategorien des Geschlechts wie ebenso die Frage, welchen Akzent verwende ich in meiner Sprache und welchen nicht. Ist akzentreiches Sprechen überhaupt Teil dessen, was mich politisch ernstzunehmend, ein sprechendes Subjekt sein lässt? Das sind alles Fragen nach Formen, die nicht zuletzt auch die Frage danach berühren, wie Konflikte unsichtbar oder sichtbar gemacht werden. Es sind also Fragen nach der Form einer spezifischen Sichtbarkeit. Was schließt diese Form in sich auch schon aus, um genau so auszusehen?

IA: Ulrich, mich überrascht, dass du vom Regime-Begriff Abschied nehmen willst. Du hast einerseits die Regulationstheorie und andererseits die Prägung des Begriffs in der Tradition der Internationalen Beziehungen vorgestellt. Du plädierst für eine hegemonietheoretische Analyse und stellst fest, dass der Regime-Begriff innerhalb der Internationalen Beziehungen nicht tauglich ist, um auch kritische herrschaftstheoretische Perspektive einzunehmen. Wenn es aber darum geht, die Logik eines konkreten Akkumulationsregimes zu verstehen, d. h. zu verstehen, wie sich gewisse gesellschaftliche Normierungsprozesse und Akkumulationsstrategien durchsetzen und in Stand halten, dann scheint mir aber doch der Regime-Begriff für die Analyse der Herrschaftsmechanismen nützlich zu sein. Meinst du, wir brauchen mehr hegemonietheoretische Analyse der Kräfteverhältnisse, ohne auf die Dynamiken des Akkumulationsregimes einzugehen?

Das Migrationsregime betreffend: Inwiefern ist eine gramscianische, hegemonietheoretische Analyse im Stande zu verstehen, was an der griechisch/türkischen Grenze in Lesbos passiert? Ist der Begriff des

Migrationsregimes für eine kritische Analyse dieser spezifischen Konstellation nicht produktiv? Die gramscianische Perspektive operiert auf der Ebene der repräsentativen Institutionen, parlamentarischen Staatsapparate, aber auch der Kräfte im nationalstaatlichen und internationalen Raum. Wie können wir dann die Bewegung der Migration aus einer hegemonietheoretischen Perspektive und in ihrer Stellung in Bezug auf die Kräfteverhältnisse operationalisieren? Ich sehe gewisse Grenzen, mit den Begriffen der Kräfteverhältnisse und Hegemonie die Bewegung der Migration – oder auch, was wir unter „Autonomie der Migration" artikulieren könnten – zu beschreiben und zu denken. Mit dem Regime-Begriff können wir die Entwicklung restriktiver Migrationspolitiken verstehen. Aber ohne die Bewegung der Migration theoretisch zu reflektieren, könnten wir gewisse Formen der Migrationspolitik als eine Antwort auf diese Bewegungen und in der Folge Formen des Widerstands in einem gegebenen Migrationsregime nicht verstehen.

UB: Ich halte den Begriff des Akkumulationsregimes für ganz wichtig. Ich würde weiterhin auch an der Regulationstheorie festhalten. Der Begriff des Akkumulationsregimes meint jedoch nicht das, was hier in der Vielfältigkeit diskutiert wird. Es könnte auch heißen: kapitalistische Akkumulationsweise. Mit genau dieser Beschreibung können wir gute Analysen betreiben. Ich würde diese anderen Beschreibungen nicht aufgeben, weil ein Begriff verkürzt ist. Zum inhaltlichen Punkt: Ich glaube es geht nicht nur um Kräfteverhältnisse, sondern es geht immer auch darum zu fragen: Was sind die Bedingungen, unter denen sich Kräfte und damit Kräfteverhältnisse reproduzieren?

MB: Ich würde in diesem Zusammenhang gerne auf die Frage der Repräsentation zurückkommen. Ausgehend von bestimmten ästhetischen Theorien oder Überlegungen zu Repräsentation wäre es Unsinn zu denken, dass die Protestierenden (beispielsweise der kritischen Globalisierungsbewegung) weder gesehen noch gehört werden. Es gibt eine bestimmte Weise, in der sie unsichtbar gehalten werden. Das stimmt. Aber das heißt nicht, dass sie nichts sagen oder dass sie nichts zum Ausdruck bringen – und dass wir uns dem nicht zuwenden können. Keine Stimme zu haben oder nicht gehört zu werden sind doch zwei verschiedene Dinge. Genau die Schnittstelle scheint mir interessant für uns.

Althusser hatte eine bestimmte historische Situation in Frankreich, weitgehender im geteilten Europa, vor Augen und verband mit den Politiken der Arbeiterbewegung eine Vorstellung von Veränderung, nicht so sehr von Autonomie. Er setzt einen Moment voraus, an dem der Gegner anerkannt wird – in dem Fall das Aufeinandertreffen von Arbeit und Kapital in einem politischen Konflikt. Das Zitat Althussers ist offensichtlich eins, das sagt, „es muss erst mal in dieser vorhandenen Sprache geschehen, um an den Grenzen der Möglichkeit zu neuen Begriffen und einer neuen Sprache zu kommen, um etwas anderes entwickeln zu können". Die Überschreitung dieser Möglichkeitsbedingungen hat mich immer interessiert, sowohl theoretisch als auch politisch.

Wenn wir es stärker in Bezug auf Handlungen denken – ihr habt ja die Migrationsbewegung angesprochen. Ihre Fähigkeit, die Grenzen zu überschreiten ist inzwischen definitiv als das Problem erkannt worden, denn sonst gäbe es auf EU-Ebene nicht diese neuen Formen, sie zu managen, sie zu organisieren und zu orchestrieren. Der Begriff des Migrationsregimes war sicherlich ein Versuch, sich einer Herrschaftsanalyse im Bereich der Migrationstheorie zu nähern. Mein Problem mit Analysen, die den Regime-Begriff in den Vordergrund stellen ist, dass sie selten dazu kommen, systematisch die Frage zu stellen, wie sich Kämpfe organisieren. Man muss nicht die kopernikanische Wende im Marxismus mitmachen, um zu verstehen, dass gesellschaftliche Verhältnisse aus der Perspektive der Kämpfe zu analysieren, sich einer Analyse ebendieser Verhältnisse nähert.

UB: Zur Frage der Repräsentation: Für mich bedeutet die These „Dominanz wird organisiert über die Formalisierung von Ausdruck" nicht nur Repräsentation. Ich will den Gedanken in zwei Richtungen spinnen. Ich verstehe Ausdruck auch als Institutionalisierung bzw. Verstetigung. Der Regime-Begriff hat auch diese Bedeutung. Dominanz wird entwickelt, indem Handlungsanweisungen, Regeln, Normen sich durchsetzen oder explizit gesetzt werden. Auch das ist ein Moment der Formalisierung von Ausdruck. Dies würde ich aber nicht mit dem Repräsentationsbegriff kurzschließen. Die Schlussfolgerung aus dem Althusser-Zitat würde ich hingegen nicht teilen. Zu sagen: „Die Kämpfe der Subalternen müssen sich in den Begriffen der herrschenden Klasse äußern" ist eine Engführung von Kämpfen. Althusser war Klassentheoretiker und orientierte sich also ganz klar am Herr-Knecht Verhältnis. Ich würde aber sagen: Die Vielfältigkeit von Kämpfen müssen wir in ihrer Vielfältigkeit begreifen. Was macht Queer/Feminismus? Queer/Feminismus setzt ja gerade nicht auf die Anerkennung eines liberalen Feminismus, sondern versucht von den Rändern her die Anerkennungsproblematik selbst zu hinterfragen.

Die globalisierungskritische Bewegung setzt sich aus einer Vielfältigkeit von Weltdeutungen, Identitäten, Interessen und Praxen zusammen, die sich in den eigenen Kämpfen und in bestimmten Konstellationen anerkennt, selbst verständigt. In vielen Kontexten wird auf die Anerkennung der Herrschenden keinen Wert gelegt, weil die Leute wissen, sie landen im Knast und sie werden umgebracht oder haben keine Chance. Sie wissen, dass sie andere Praxen entwickeln müssen, die nicht auf eine Repräsentation im Sinne der Begriffe der Herrschenden abzielt, sondern subversiv und klandestin sind.

RS: Diese Reflexion über Semantiken und Begriffe kommt der Frage nach Formierung und Formalisierung, wie ich finde, sehr nahe und könnte auch ein Aspekt von Ästhetik sein. Sie haben beschrieben, welche vordringlichen Semantiken in Ihrem Feld, dem Feld der Internationalen Politik, im Wesentlichen verwendet werden. Da gab es eine ganze Liste, was Ihnen alles fehlt an diesem Regime-Begriff. Die habe ich großartig gefunden. Das stellt ja genau die Frage der Diskussion: In welchen Begrifflichkeiten – und das ist ja auch eine Repräsentationsfrage – wird das Problem bzw. das Verhältnis beschrieben bzw. repräsentiert? Ist es in den Begriffen Governance, Widerstand oder eben Regime? Insofern finde ich diese Semantikanalyse einen ganz wichtigen Beitrag zu einer Ästhetik der Regimefrage. Es ist etwas ganz anderes zu fragen, wie repräsentieren sich die einen oder die anderen? Wie repräsentieren sich die, die vielleicht auf den ersten Blick unsichtbar sind? Ich glaube, da geht es auch um Forschungspolitik, aber natürlich auch um internationale Politik, und da finde ich eigentlich Semantik-Analysen einen ganz wichtigen Aspekt von Repräsentation.

JS: Es gibt kein Unterlaufen der Repräsentationsfrage. Ich komme um die Frage nicht herum: Was sind die herrschenden Formen und wie arbeite ich an denen und zwar andauernd? Und deswegen, gerade deswegen ist ästhetische Forschung also Forschung an Formen und Formulierungen so wichtig.

MB: Trotzdem müssen wir erklären können, wie Veränderung möglich ist. Das klingt mir zu sehr nach einer tautologischen Erklärung: Wir sind immer innerhalb der Repräsentation. Althusser hat in dem eben genannten Zitat auf die Bedingungen der Politik hingewiesen, um gehört zu werden. Es gibt bestimmte Bedingungen, die sich in dieser Situation kaum verschieben können. Das meine ich nicht normativ. Man könnte mit Rancière sagen, dass es Bedingungen gibt, unter denen bestimmte Leute eben nicht gehört werden. Offensichtlich gibt es in der Geschichte ein höchst ambivalentes Verhältnis von Emanzipation und Veränderung. Die Bedingungen von Politik, könnte man wiederum im althusserschen Sinne sagen, sind nie ihre letzte Instanz.

Vielleicht hilft es uns weiter, über die Frage der Übersetzung nachzudenken. An dem Punkt, an dem Politiken etwas verändern oder sogar über etwas hinausgehen wollen, müssen sie sich zu übersetzen versuchen. Sie sind also darauf angewiesen, eine bestimmte Artikulation zu suchen, an der von verschiedenen Seiten gleichzeitig ein Verständnis einsetzen kann, auch wenn es unterschiedlich ist. Es geht dabei um Resonanz. Nur an diesem Punkt scheint es mir möglich, Verschiebungen zu bewirken. Wir können doch nicht behaupten, dass Veränderung historisch nicht möglich war, wie viele der repräsentationslogischen Ansätze uns glauben machen wollen.

UB: Ich finde es wichtig zu sagen, „Wir haben immer Bedeutung". Das ist eine ontologisch starke Annahme. Aber was ist mit den Auslassungen, Abschattungen und Entnennungen, was ist mit dem, was nicht zur Kenntnis genommen wird? Die Aufgabe einer kritischen Analyse von Kämpfen besteht darin, darauf zu insistieren, dass ausgelassen wird, dass entnannt wird, weil das Herrschaftsmechanismen sind. Das wird nicht einfach nur vergessen, es wird systematisch entnannt. Deshalb muss man beim Repräsentationsbegriff nochmal genau schauen: Was meinen wir damit?

TH: An das, was du jetzt gerade ausgeführt hast, könnte man mit Rancières Konzept der Entnennung oder auch Desidentifizierung anschließen, das er in *Das Unvernehmen* entwickelt hat. Das heißt mit der Idee, Politik als einen Kampf um Positionen, die sich den polizeilich verhängten Namen und Identitäten entziehen, zu verstehen. Auch der Kunst im von Rancière so genannten „ästhetischen Regime" geht es ja um die Verstörung der traditionellen Hierarchien des Sichtbaren und Sagbaren, um eine neue Form der Beliebigkeit vor dem Hintergrund einer fundamentalen, aber immer wieder zu erfindenden Gleichheit. Letztlich handelt es sich um das – scheinbare Paradox – eines machtkritischen Regimes. Ich finde das in unserem Zusammenhang interessant, weil ja so viele Regimepraktiken nicht zuletzt auf eine Plausibilisierung und Naturalisierung der Machtverhältnisse zielen, auf ihre Enthistorisierung, mit dem Ergebnis, dass die historisch gewordenen Hierarchien und Ungleichheiten das Alltagsverständnis unbemerkt strukturieren. Und das Ästhetische wird dabei immer wieder für die Produktion von so etwas wie ‚regimoider' Stabilität rekrutiert. Wie wird zum Beispiel über Städte und die Lebensverhältnisse ihrer Bevölkerungen gesprochen? Häufig genug mittels ästhetischer Kategorien anstelle von solchen der Soziologie oder Ökonomie, selbst dort, wo die Ungleichheit so eklatante Formen annimmt wie in den Slums. Auf dem Weg zur „world class city" werden für die Stadtverwaltungen und andere Interessenträger der globalen Metropolen die ästhetischen Parameter, die Daten der Repräsentation immer entscheidender, und diese wirken sich wiederum sehr konkret auf die Gestaltung von Lebensräumen aus. Das Ästhetische erhält normative Züge und wird als ein wichtiger Faktor in die Stadtplanung und die Vermarktung der Städte integriert. Hier reguliert das Regime der globalen Standortkonkurrenz im Verbund mit ästhetischen Regimen die Sichtbarkeit sozialer und städtischer Verhältnisse. Aber diese ästhetischen Regime sind nicht zu verwechseln mit dem grundsätzlich emanzipatorischen „ästhetischen Regime", das Jacques Rancière als Ablösung vom repräsentativen Regime der Kunst der Vergangenheit begreift.

Wie kitschig kann Selbstuntersuchung als aktivistisch/künstlerische Praxis sein?
Für wen forsche oder schreibe ich?
Für welche Form von Erkenntnis?
Wie kann ich allein denken?
Findest du das Buch interessant?
Was hat dich angeregt es zu kaufen?
War das Buch für dich teuer?
Oder hast du es gestohlen?
Kopiert?
Geschenkt bekommen?
Hast du studiert?
Siehst du dich selbst als gebildet?
Hast du die Autor_innen dieses Buches schon vorher gekannt?
Männer- und Frauen- gleich?
Würdest du versuchen, die Inhalte dieses Buches weiterzutragen?
In welcher Form und an welche Leute?
Welche Mittel kennst du bzw. setzt du ein, um bestimmte Themen öffentlich zu machen?
Welche Möglichkeiten hast du um diese Mittel zu nutzen?
Was machst du mit dem Buch außer lesen?
Als Unterlage verwenden?
Als Wurfgeschoß verwenden?
Wie und wodurch werden in geschlossenen Arbeitsgruppen Wissenshierarchien unterstützt?
Inwiefern können ausschließende Praxen strategisch sein?
Welches Vorwissen bzw (wissenschaftliche) Bildung ist für das Schreiben von (wissenschaftlicher) Literatur Voraussetzung?
Welches soziales und kulturelles Kapital ist notwendig?
Wie entscheidend ist die Bildung deiner Eltern?
Wo würdest Du die Autor_innen dieses Buches gesellschaftlich, sozial, politisch verorten?
Was ist legitimierte wissenschaftliche Erkenntnis?
Wer produziert wissenschaftlich legitimiertes Wissen?
Wie entscheidend sind dafür Kontakte, Schichtzugehörigkeit und Staatsbürger_innenschaft?
Wie weit werden Hegemonien wissenschaftlicher Produktion durch Veröffentlichungen von wissenschaftlicher Literatur in bestimmten Sprachen hergestellt bzw unterstützt?
In wie weit wurde durch die Auswahl der Sprache die Auswahl der Autor_innen dieses Buches beschränkt?
In wie weit wurde durch die Auswahl der Sprache der mögliche Leser_innenkreis eingeschränkt?

DER

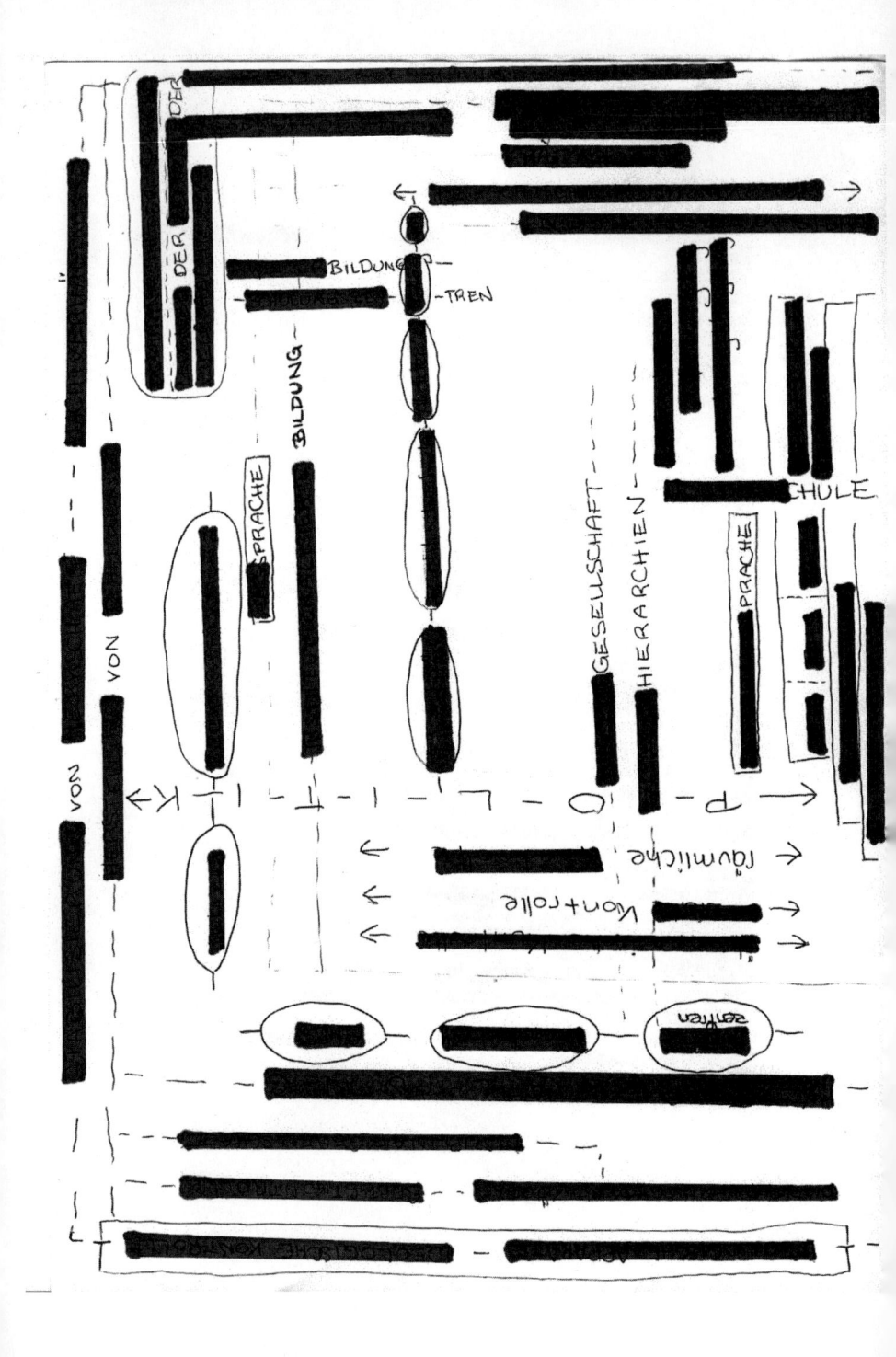

BILDUNG
-TREN

BILDUNG

SPRACHE

GESELLSCHAFT
HIERARCHIEN

CHULE
SPRACHE

VON
VON
VON

räumliche
Kontrolle

zentren

Hier könnte dein Text stehen.

 in dem

Libertina Bomba

Der ursprünglich von Libertina Bomba eingereichte Beitrag wurde von Libertina Bomba nachträglich geschwärzt.

Im Verlauf der Zusammenarbeit ist es mit den Herausgeber_innen zu Konflikten und Missverständnissen gekommen. Die Kommunikation zwischen Libertina Bomba, als kollektive Autorin, und den Herausgeber_innen wurde unter anderem durch die hierarchische Kompetenzverteilung dermaßen erschwert, dass eine Modifikation des ursprünglichen Beitrags für uns als letzte und einzige Möglichkeit gewählt wurde.

Da der geschwärzte Beitrag nun jedoch aufgrund rein ästhetischer Gründe von den Herausgeber_innen ins Buch gewählt wurde und unkommentiert aufgenommen werden soll, folgt hier ein Kontextualisierungsversuch der Debatten, um Zusammenhänge und Entstehungsprozess, aus unserer Perspektive.

Die formulierte Kritik der eigenen Arbeit im Beitrag Libertina Bombas, die sich einerseits mit Machtverhältnissen und deren Darstellung beschäftigt und andererseits deren Herleitung kritisch aufgreift, wurde als ironische Kritik an einer anderen Arbeit im Buch gewertet. Dies war im Entstehungsprozess nicht intendiert, wir haben uns bewusst ausschließlich auf unseren eigenen Beitrag und unsere Arbeitsweise kritisch bezogen. Unterschiedliche Zugänge müssen dennoch sichtbar gemacht werden können, auch wenn sich Beiträge einer ähnlichen Bildsprache bedienen. Eine differenzierte Auseinandersetzung und die Möglichkeit sich auf andere Arbeiten kritisch zu beziehen, ist für uns Basis einer kritisch-selbstreflexiven Praxis.

Den Bedingungen an die Herausgeber_innen, unter welchen wir einen Beitrag für das Buch gestalten wollten, wurde vorerst zugestimmt. Dies war die komplett autonome Handlungsfreiheit in der inhaltlichen wie layouttechnischen Gestaltung. Indem die Herausgeber_innen nun im Anschluss an die Auseinandersetzung letztlich über eine Version unserer „beiden" Beiträge entscheiden und diese aus dem größeren Kontext der Entstehung entkoppelt im Buch abgedruckt werden soll, wird diese Zusage revidiert.

Diese nachträgliche Schwärzung des ursprünglichen Beitrags soll auf Problematiken hinweisen, die ein solches Gefälle mit sich bringt:

Wer hat die Möglichkeit, veröffentlicht zu werden und unter welchen Umständen?

Inwieweit sind autonome Praxen innerhalb von institutionalisierten Räumen/Herrschaftsverhältnissen möglich?

Inwiefern wird eine Veröffentlichung von Herausgeber_innen oder ähnlichen hegemonialen Strukturen in Publikationsverhältnissen direkt oder indirekt beeinflusst?

Und inwiefern widersprechen hierarchische Strukturen den Ansprüchen hegemoniekritischer Praxis?

Politik der Kunst und „Poetik der Politik":
Zum Regime-Begriff bei Jacques Rancière.
Ruth Sonderegger

Rancières Theorie der drei Regime der Kunst

Der Philosoph Jacques Rancière hebt unter Hinweis auf den griechischen Begriff *aisthesis* für Wahrnehmung immer wieder hervor, dass „Ästhetik" ein viel weiterer Begriff ist als der Begriff der Kunst. „Ästhetik" verweist auf eine Strukturierung oder Formierung der Wahrnehmung und spielt dementsprechend auf ganz unterschiedlichen Feldern eine Rolle. Rancière spricht beispielsweise von einer Ästhetik der Politik, von einer Ästhetik der Wissenschaft, aber eben auch einer Ästhetik der Kunst, wobei er sich vor allem für die Interaktion zwischen diesen Bereichen interessiert. Der Austausch zwischen solchen unterschiedlichen Feldern ist möglich, weil sie einen gemeinsamen Grund haben; einen Grund, den Rancière als „erste Ästhetik", „ursprüngliche Ästhetik"(*esthétique première*[58]), oder als grundlegende „Aufteilung des Sinnlichen" (*le partage du sensible*) bezeichnet.[59] Oder anders gesagt: die verschiedenen Ästhetiken der Politik, der Kunst oder der Wissenschaft kommen miteinander auf dem Feld der ersten Ästhetik in Berührung und (oft) auch in Konflikt.

Diese erste Ästhetik oder auch: die Aufteilung des Sinnlichen formiert dahingehend, dass sie das unendliche Chaos des prinzipiell Wahrnehmbaren einengt, strukturiert und die so eingeteilten Wahrnehmungsfragmente bestimmten Akteuren zuteilt. Auf diesen Doppelsinn von „aufteilen/einteilen" einerseits und „zuteilen" andererseits im französischen „partage" weisen sowohl Rancière als auch seine Übersetzer*innen immer wieder hin. Ich will ein paar Beispiele

---

[58] Jacques Rancière: *Le partage du sensible*, Paris: La fabrique éditions 2000, S. 14.

[59] Jacques Rancière: „Die Aufteilung des Sinnlichen". In: ders.: *Die Aufteilung des Sinnlichen. Die Politik der Kunst und ihre Paradoxien*. Herausgegeben und aus dem Französischen von Maria Muhle. Berlin: b_books 2006, S. 21–73; vgl. insbesondere S. 25 ff. In diesem Text stehen die verschiedenen Kunstregime und ihre Interaktion mit politischen Regimen im Zentrum.

für die Funktionsweise der ersten Ästhetik geben: Wir nehmen die drei Farbsignale einer Ampel wahr; die Farbe des Metalls, an dem die Lichter angebracht sind, nehmen wir nicht wahr. Schon dieses harmlose Beispiel zeigt, dass mit Einteilungen des Sinnlichen Bedeutsamkeiten und Wichtigkeiten verteilt werden. So sind im Kontext der Verkehrsregelung etwa nur die Lichtsignale bedeutsam. Das gilt auch für die Wahrnehmenden: Nicht allen wird die Wahrnehmung von allem zugetraut bzw. zugeteilt. Vielen Menschen wird von vorne herein abgesprochen, dass sie einen Hexameter erkennen können. Manche Frauen sprechen Männern noch immer ab, Schmutz adäquat wahrnehmen zu können und putzen den Dreck lieber selbst weg. In vielen Kontexten ist sogar juristisch geregelt, welche Experten überhaupt darüber urteilen dürfen, ob bestimmte sinnliche Bedingungen – beispielsweise Messergebnisse – vorliegen oder nicht: wer ein zertifizierter Wahrnehmungsexperte ist und wer nicht.

Jede Strukturierung der primären Ästhetik erzeugt – neben signifikanten Ausschlüssen – eine sinnliche Gemeinschaft, die Rancière folgendermaßen charakterisiert: „Unter ‚Gemeinschaft des Sinnlichen‘ verstehe ich keine Kollektivität, die auf einem gemeinsamen Gefühl beruht. Gemeint ist ein Rahmen der Sichtbarkeit und Intelligibilität, der Dinge oder Praktiken unter einer Bedeutung vereint [...]. Eine Gemeinschaft des Sinnlichen entsteht, wenn Raum und Zeit auf eine bestimmte Weise eingeteilt und dadurch Praktiken, Formen der Sichtbarkeit und Verstehensmuster miteinander verknüpft werden. Dieses Ausschneiden und Verknüpfen nenne ich eine Aufteilung des Sinnlichen (*partage du sensible*)."[60]

Wenn man dieses Zitat ernst nimmt, handelt es sich bei der ersten Ästhetik offensichtlich nicht nur um die jeweils in einer Gemeinschaft geltenden Begrenzungen des sinnlich Wahrnehmbaren, wie das der Begriff „Ästhetik" nahelegt – und schon gar nicht des ausschließlich visuell Wahrnehmbaren. Vielmehr geht es unter dem Stichwort „erste Ästhetik" auch um die mit der Wahrnehmung verbundenen Einteilungen des Denkbaren sowie um die Zuteilung von Handlungsspielräumen. Die „ursprüngliche Ästhetik" verweist auf jene kontingenten Einteilungen, die das Denkbare *zusammen mit* dem Wahrnehmbaren

---

60 Ebd., S. 71 (Fußnote 4).

vom ungedacht und ungesehen Bleibenden unterscheiden, und zwar ohne dass diese Grenzen und Bedingungen bewusst wahrgenommen, ja überhaupt gewusst würden. Damit kommt Rancières „ursprüngliche Ästhetik" in die unmittelbare Nähe dessen, was beispielsweise Bourdieu den sozialen Habitus oder die Disposition genannt hat und was andere Theorien als praktisches Wissen, *know how* oder *tacit knowledge* erläutert haben; ein Bereich, in dem Wissen, Wahrnehmen und körperliches Agieren so unentwirrbar zusammenhängen, dass man mit bloßer Bewusstmachung, also Einwirkung auf das Wissen, nicht weiter kommt.

Rancière meint mit dem Begriff der ursprünglichen Ästhetik sicher keinen (historischen) Uranfang oder etwas Unveränderliches. Die Aufteilung des Sinnlichen ist auf eine andere Art als im zeitlichen Sinn primär: nämlich in dem Sinn, dass die vorbewussten Einteilungen unseres Wahrnehmens, Denkens und Handelns sich der Thematisierung entziehen und noch mehr der bewussten Veränderung – denn sie gehen der sprachlichen Beherrschung voraus. Die Rede von einer ersten Ästhetik heißt auch nicht, dass in diesem schwer zugänglichen Bereich keine Macht akkumuliert würde oder dass sich auf diesem Terrain keine Veränderungen vollziehen können. Rancière will vielmehr darauf hinaus, dass Veränderungen sich hier vor allem hinter dem Rücken der scheinbaren Akteure abspielen und dass intentionale Eingriffe – seien sie Macht stabilisierend oder unterlaufend – auf diesem Terrain zwar schwierig zu bewerkstelligen, deswegen aber noch lange nicht ausgeschlossen sind.

Vor dem Hintergrund der ersten Ästhetik will ich nun auf das Feld der Kunst zurückkehren – das heißt dorthin, wo Rancière so prominent den Regime-Begriff verwendet, indem er zwischen drei Regimen der Kunst unterscheidet. Diese Regime unterscheiden sich von der ihnen vorausgehenden ersten Ästhetik – von den ungewussten, deswegen aber umso selbstverständlicher praktizierten und tradierten Bedingungen des Wahrnehmens, Denkens und körperlichen Agierens – durch den bewussten Einsatz für oder gegen bestehende bzw. herbeizuführende Einteilungen des Sinnlichen. Wo es Kunstregime gibt, gibt es auch kunstkritische Traktate, philosophische Abhandlungen und mehr oder weniger institutionell verankerte Diskurse.

Die drei Kunstregime, die Rancière unterscheidet, sind: ein ethisches, ein poietisch-mimetisches und ein ästhetisches.[61] Der Designer und Verteidiger des sogenannten ethischen und ersten Regimes ist Plato. In den Augen Rancières schreibt Plato der Kunst eine so pädagogische wie staatstragende Rolle zu: Kunst soll der Doktrin einer autoritären Klassenhierarchie zuarbeiten; andernfalls gehört sie zensuriert oder gar verbannt. Nichts wäre diesem Regime ferner als der Gedanke der Autonomie der Kunst.

Das zweite Kunstregime – das poietisch-repräsentative – geht Rancière zufolge auf Aristoteles zurück. Es räumt der Kunst zwar Autonomie gegenüber dem Politischen und der staatlichen Propaganda-Pädagogik ein, jedoch um den Preis, dass die Produktionsregeln für gute Kunst genau festgelegt werden und überdies so verfasst sind, dass sie implizit politische Grenzziehungen doch spiegeln und sogar bestärken. Rancière erläutert die ästhetischen, implizit aber auch politischen Vorschriften des zweiten Regimes immer wieder anhand der aristotelischen Regeln für Tragödien, denen zufolge z. B. Unterschichtenmenschen in Tragödien nichts zu suchen haben, und zwar im Unterschied zum Personal von Komödien. Dieses zweite Regime heißt deshalb poietisch-mimetisch, weil die Aristotelischen Regeln um Nachahmungskonventionen kreisen, die allerdings weder so natürlich noch einfach realistisch sind, wie Aristoteles unterstellt, sondern in höchstem Maß stilisiert.

Das dritte Regime – Rancière nennt es das „ästhetische Regime der Kunst" – entsteht am Ende des 18. Jahrhunderts. Seine Verfechter sind die deutschen Idealisten sowie die – ebenfalls deutschen – Frühromantiker, allen voran Kant, Schiller und Schlegel. Dieses Regime schreibt der Kunst Autonomie und Freiheit nicht nur in Bezug auf platonische Staats-Propaganda, sondern auch hinsichtlich der von Aristoteles inaugurierten Regel-Ästhetiken zu. Wenn es für dieses Kunstregime – unter das auch die Kunst der Gegenwart fällt – noch eine Regel gibt, dann ist es das Gebot des Unterlaufens der Regeln des

---

61 Zur Unterscheidung zwischen drei verschiedenen politischen Regimen vgl., Jacques Rancière: *Das Unvernehmen. Politik und Philosophie* [1995]. Aus dem Französischen von Richard Steurer. Frankfurt a. M.: Suhrkamp 2002, insbes. S. 73ff.

ersten und zweiten Kunstregimes und noch mehr das Vermischens jener jeweils herrschenden Einteilungen der Sinnlichkeit, die so schwer zu thematisieren sind: die Einteilungen der ersten Ästhetik. Ein Lieblingsbeispiel Rancières dafür, wie die Kunst des dritten Regimes sich über alte Regime-Grenzen hinwegsetzt, ist Flauberts Technik, Menschen der unterschiedlichsten Schichten mit derselben Akribie und Ausführlichkeit zu beschreiben. Durch diese Überschreitung der aristotelischen Klassen-Ästhetik werden die entsprechenden Einteilungen und damit auch das gar nicht Natürliche des aristotelischen Realismus überhaupt erst sichtbar.

Der Kunst des dritten Regimes traut Rancière aber auch Eingriffe in den Bereich der argumentativ und diskursiv kaum zugänglichen ersten Ästhetik zu. So hebt er am dritten Kunst-Regime immer wieder das Durchkreuzen der Unterscheidungen zwischen Aktivität und Passivität, zwischen Denken und Wahrnehmen, Sinn und chaotischer Sinnlichkeit hervor. Damit schreibt er dieser Kunst grundsätzlich das Potential zu, Strukturierungen, Formierungen (sei es auf der Ebene der Sprache, von Handlungen oder Wahrnehmungsmustern) im Moment und in der Möglichkeit ihrer Auflösung zu präsentieren. Oder anders gesagt: Ein- und Zuteilungen werden durch die Kunst des dritten Regimes grundsätzlich zur Disposition gestellt.

Aus der etwas irreführenden Bezeichnung „ästhetisches Regime" sollte man also nicht schließen, dass die Kunst des dritten Regimes auf ein sinnliches Ereignis reduziert werden kann. Denn erstens entzündet sich der antihierarchische, entregelnde Effekt der Sinnlichkeit nur *an* identifizierbaren, das heißt: schon hierarchisierten Gegenständen, Bedeutungen und Handlungen. Und zweites gibt es auch strukturierte, zugerichtete Sinnlichkeit. Oder anders gesagt: Die Kunst des ästhetischen Regimes ereignet sich dort, wo Einteilung und Ordnung mit Ent-Strukturierung und Chaos konfrontiert werden, und zwar – das ist Rancière sehr wichtig – ohne sich auf die eine oder die andere Seite zu schlagen.

Rancière behauptet nicht, dass das Durcheinanderbringen von Einteilungen der ersten Ästhetik nur in der Kunst möglich ist, im Gegenteil. Auch im politisch-emanzipatorischen Handeln werden Grenzen und Aufteilungen einer Sinnlichkeit herausgefordert und *idealiter* verschoben oder aufgehoben. Rancière spricht im Hinblick auf das, was umgangssprachlich Kunst und Politik genannt wird, von zwei verschiedenen Politiken mit jeweils dazugehörigen Ästhetiken und betont damit auch die unaufhebbare Differenz zwischen der Kunst des ästhetischen Regimes und emanzipatorischer Politik, die sich beide gleichwohl in subversiver Absicht auf etwas Gemeinsames richten: nämlich auf die jeweils voraus liegende Einteilung des Sinnlichen.

Ich stelle mir diese Differenz ungefähr folgendermaßen vor: Im politisch-emanzipatorischen Handeln gibt es immer einen konkreten Anlass: es tauchen Gruppen oder Forderungen auf, für welche die bestehende Einteilung keinen Platz hat und die den fehlenden Platz auch gar nicht sehen können. In der Kunst des dritten Regimes hingegen geschieht der Eingriff in die erste Ästhetik unabhängig von einem bestimmten Anlass der Ausgrenzung oder Leugnung. Die erste Ästhetik wird künstlerisch deshalb durcheinander gebracht, weil die Kunst des dritten Regimes grundsätzlich mit der Auflösbarkeit von Einteilungs- und Identifikationsprozessen befasst ist. Durch diesen Aufenthalt auf der Grenze werden Aufteilungen weniger überschritten, was das Ziel des politischen Handelns ist, als vielmehr nur im Modus des Als-ob vermischt und darin explizit gemacht.

Insbesondere in seinen neueren kunsttheoretischen Überlegungen wird Rancière nicht müde, die Unterschiede zwischen künstlerischen und politischen Praktiken der Vermischung und Störung von Sinnlichkeitsgrenzen hervorzuheben. Während die Kunst des dritten Regimes die grundsätzliche Veränder*bar*keit aller Aufteilungen zum Ausdruck bringe, ohne sich um die (effektiven, institutionellen...) Umsetzungen von Veränderungen zu kümmern, haben Einteilungssubversionen des politischen Handelns bestenfalls zwar reale Folgen, jedoch immer nur in Bezug auf ein spezifisches und begrenztes Ziel. Letztlich scheint Rancière das grundsätzliche und lokal unbegrenzte Störungspotential der Kunst jenen subversiven Strategien des politischen Handelns sogar vorzuziehen, die auf die effektive Durchsetzung eines bestimmten und damit beschränkten Anliegens zielen. Das hat ihm Vorwürfe des Romantizismus ebenso eingebracht wie die Kritik, er erkläre die Grenze zwischen Kunst und Politik für heilig, obwohl doch seiner ästhetischen Theorie zufolge keine Dimension der Aufteilung unseres Denk- und Wahrnehmungsraums vor Übertretungen geschützt sein sollte – auch nicht die zwischen Kunst und Politik.

Es ist, als hätte Rancière sich als Kunsttheoretiker in den letzten Jahren stets mehr in einen Einteilungswissenschaftler verwandelt, der in immer neuen Volten – insbesondere gegen Deleuze und Lyotard – auf der unhintergehbaren Als-ob-Grenze zwischen der Kunst und ihrem politischen Außen beharrt. Kunst, die darauf abzielt, Sinnlichkeitsgrenzen tatsächlich zu verändern, ist demzufolge Propaganda. Der Eindruck drängt sich auf, dass Rancières Kunsttheorie sich im Problem der Kunstautonomie verkrampft und in immer komplizierteren Figuren nachweisen will, dass die Politik der Kunst zwar Politik, aber nicht die Politik außerhalb der Kunst ist, die dann z. B. „Poetik der Politik"[62] heißt und der Politik der Kunst gegenüber gestellt wird.

Die derzeit festzustellende Annäherung der Kunst an das Design, aber auch an die Wissenschaft, die Sozialarbeit und die Politik ist vor diesem Hintergrund ein beklagenswerter Zustand und für Rancière demnach alles andere als Indiz eines ernst zu nehmenden Problems oder sogar ein Schritt in die richtige Richtung. Etwa ein Indiz dafür, dass die Autonomie des Als-ob in der Kunst des dritten Regimes samt ihrer Theorie dogmatisch geworden ist, sodass es gerade für eine Kunst, die sich das Übertreten von Grenzen, das Gleichbehandeln von Unterschiedenem auf die Fahnen geschrieben hat, heute attraktiv sein könnte, sich gegen ihre Autonomie zu wenden. Dass sie aktivistisch, wissenschaftlich oder designerisch werden könnte und Strategien des Überschreitens durch Gleichbehandlung von der Nicht-Kunst her neu erfindet.

In ihrer Pluralität machen die verschiedenen Kunstregime jedoch darauf aufmerksam – und das ist gerade mit Bezug auf Veränderungen des dritten Kunstregimes entscheidend –, dass es nicht einfach Kunst gibt, sondern drei wesentliche Paradigmen, die zwar hintereinander entstanden sind, heute aber in einer gewissen Gleichzeitigkeit bestehen. Die damit erzählte Geschichte der Kunst eröffnet die Möglichkeit, dass es auch noch ganz andere Regime geben könnte oder dass Kunst, so wie wir sie heute kennen, eines Tages verschwindet. Denn sobald man über Formationsbedingungen von Regimen nachgedacht hat, ist auch der Gedanke an ihre mögliche Auflösung in der Welt – der

---

62 Jacques Rancière: *Ist Kunst widerständig?* Herausgegeben und aus dem Französischen von Frank Ruda und Jan Völker. Berlin: Merve 2008, S. 34.

Tatsache zum Trotz, dass andere als abendländische Kunst-Traditionen bei Rancière nie eine Rolle spielen und er sich mit Händen und Füßen dagegen sperrt, dass die Kunst des dritten Regimes verschwinden könnte, ja vielleicht schon im Begriff ist zu verschwinden.

Die Regime-Begriffe der Kunst räumen auch mit der Vorstellung auf, es ginge im Kunstfeld wesentlich um individuelle Produktions- oder Rezeptionsprozesse. Auch dort, wo diese Prozesse individuell sind, verdanken sie sich einem bereits formierten (und nicht selbst geschaffenen) Ensemble von institutionalisierten Wahrnehmungs-, Denk- und Handlungsformationen, denen man sich unterwerfen oder besser: die man anerkennen muss, um ein handlungsfähiges Produktions- oder Rezeptionssubjekt der Kunst zu sein. Da Rancière von einer Pluralität von Kunstregimen ausgeht, bedeutet seine These, wonach eine erste Ästhetik dem kunstbezogenen Handeln der Individuen vorausgeht, allerdings nicht, dass man einem Kunstregime für immer und notwendig ausgeliefert ist. Zumal im Feld der Kunst Subjekt-Phantasien (sei es als Autor-Genie, sei es als das Subjekt des angeblich individuellen Geschmacks und/oder subjektiven Urteils usw.) immer noch dominant sind, ist der Einsatz des Regime-Begriffs hier strategisch besonders sinnvoll.

Resultate für den Regime-Begriff

Rancière benutzt den Regime-Begriff nur auf jener Ebene, wo von mehr oder weniger bewusst formierendem bzw. von einer bestehende Einteilungen bestätigendem Handeln die Rede sein kann. Und er unterscheidet davon den Bereich der ersten Ästhetik, welche dem bewussten Handeln und Eingreifen voraus liegt, aber ebenso sehr Normen produziert wie das Regime-Handeln. Diese Gegenüberstellung bedeutet keinesfalls, dass man regime-haftes Handeln einzelnen Subjekten (oder gar einem Makro-Subjekt) zuordnen kann; im Gegenteil. Rancière setzt den Regime-Begriff vielmehr genau dort ein, wo zwar einzelne Akteure nachweislich eine wichtige Rolle spielen, aber alleine nie ein Regime hätten formieren können. Der Regime-Begriff zielt also auf Konstellationen von intentionalen Akteuren, kontingenten (beispielsweise kulturellen, wissenschaftlichen oder politischen) Entwicklungen, die den Agenden der Akteure entgegen kommen, und eigenlogischen Institutionen. Kant beispielsweise war sicherlich wichtig für die Entwicklung des Autonomiegedankens in der Kunst und also für das dritte Regime der Kunst, aber ohne die vorausgegangene Emanzipation des Bürgertums vom Adel, ohne die Trennung von Kirche und Staat im Zuge der Aufklärungsbewegung, ohne die Entwendung und Anwendung des Kantischen Vorschlags auf Werke der damaligen Gegenwartskunst seitens der Frühromantiker sowie der Herausbildung der institutionalisierten Kunstkritik wäre Kants *Kritik der Urteilskraft* wohl kaum verständlich gewesen und wirkungsmächtig geworden. Mit anderen Worten: m. E. benutzt Rancière den Regime-Begriff dort, wo Kontingenz, institutionelle Macht und bewusste Aktivität interagieren; wo also auch Platz für Autonomie ist und man Akteure auch zur Verantwortung ziehen kann.

Von Regimen ist bei Rancière explizit zwar nur in Bezug auf Kunst die Rede. Naheliegenderweise und strukturell gesehen hätte er seinen Regime-Begriff aber auch auf dem Feld der Politik sowie dem der Wissenschaft verwenden können. Ziemlich analog zu den drei Regimen der Kunst unterscheidet Rancière nämlich zwischen drei Politikmodellen: Im Regime der Archi-Politik, wo wiederum Plato der Hauptheld ist, wird politisches Handeln nur den Besten zugetraut und als Steuerungsproblem konzipiert (was u. a. den Neo-Platonismus in gegenwärtigen Theorien der *Governance* sichtbar macht); gegen dieses aristokratische Konzept von Politik hält Aristoteles in der von Rancière so genannte Para-Politik ein Konzept der Gleichheit, das allerdings aufgrund seines Pseudo-Universalismus' immer neue Ausschlüsse produziert. Und schließlich gibt es als drittes Politikparadigma noch die auf Marx zurück gehende Meta-Politik, die alles politische Handeln (von einer soziologischen Beobachterposition aus) als Schein entlarvt, nämlich als determiniert von Strukturen, die alles Handeln im emphatischen Sinn zunichte machen. Diesen drei Politikparadigmen hält Rancière ein Konzept widerständig-emanzipatorischen Handelns entgegen, das allen undefinierbar Beliebigen gleichermaßen offenstehen soll und immer dann in Anspruch genommen wird, wenn Ausgeschlossene ihre Gleichheit einfach nehmen, statt zu warten, bis sie ihnen gewährt wird und damit auf das aufmerksam machen, was schon in der ersten Ästhetik fehlt. Interessanterweise stehen im Bereich der Politik also drei Regime dem emanzipatorischen Handeln gegenüber.

In Bezug auf die Kunst hingegen fällt auf, dass Rancière den Regime-Begriff hier sowohl für Konstellationen benutzt, die er offensichtlich problematisch findet, wie das bei den ersten beiden Regimen der Kunst der Fall ist, als auch für das grundsätzlich subversive dritte Regime der Kunst, dem sein ganzer Enthusiasmus gilt. Das heißt, dass der Regime-Begriff bei Rancière kein Werturteil enthält. Er kann auf eine problematische, herrschaftsförmige Macht-Akkumulation ebenso verweisen wie auf eine befreiende Macht (und ist darin dem Gramsci'schen Hegemoniebegriff verwandt.)

Zusammenfassend kann man also sagen: Mit dem Regime-Begriff geht es Rancière um Gefüge von akkumulierter Einteilungsmacht, für die man zumindest punktuell aber Akteure verantwortlich machen kann und die auch immer Öffnungen für neu einteilendes und umverteilendes Widerstandshandeln enthalten. Nur im Ausgang vom Handeln in Regimen kann auch der Bereich der ersten Ästhetik umgestaltet werden. Kunst und politisch-emanzipatorisches Handeln sind dafür die Spezialisten, folgen aber irreduzibel verschiedenen Logiken.

↑ THIS SIDE DOWN

Josef Weinheber, Lyriker, Erzähler und Essayist, war aktiver Nationalsozialist. Er trat 1931 der NSDAP bei und war ab 1933 Fachschaftsleiter für Schrifttum im „Kampfbund für deutsche Kultur". Seine Arbeiten stellte Weinheber in den Dienst der Nationalsozialist_innen wodurch er zu einem wichtigen Akteur in der Kulturpolitik des Dritten Reichs aufsteigen konnte. Adolf Hitler setzte ihn auf die so genannte „Gottbegnadeten-Liste", ein Verzeichnis von 1.041 NS-Künstler_innen, die aufgrund der Wichtigkeit ihres Schaffens vom Kriegsdienst freigestellt waren. Im April 1945, einen Monat vor der sich abzeichnenden Niederlage, beging Josef Weinheber Selbstmord.

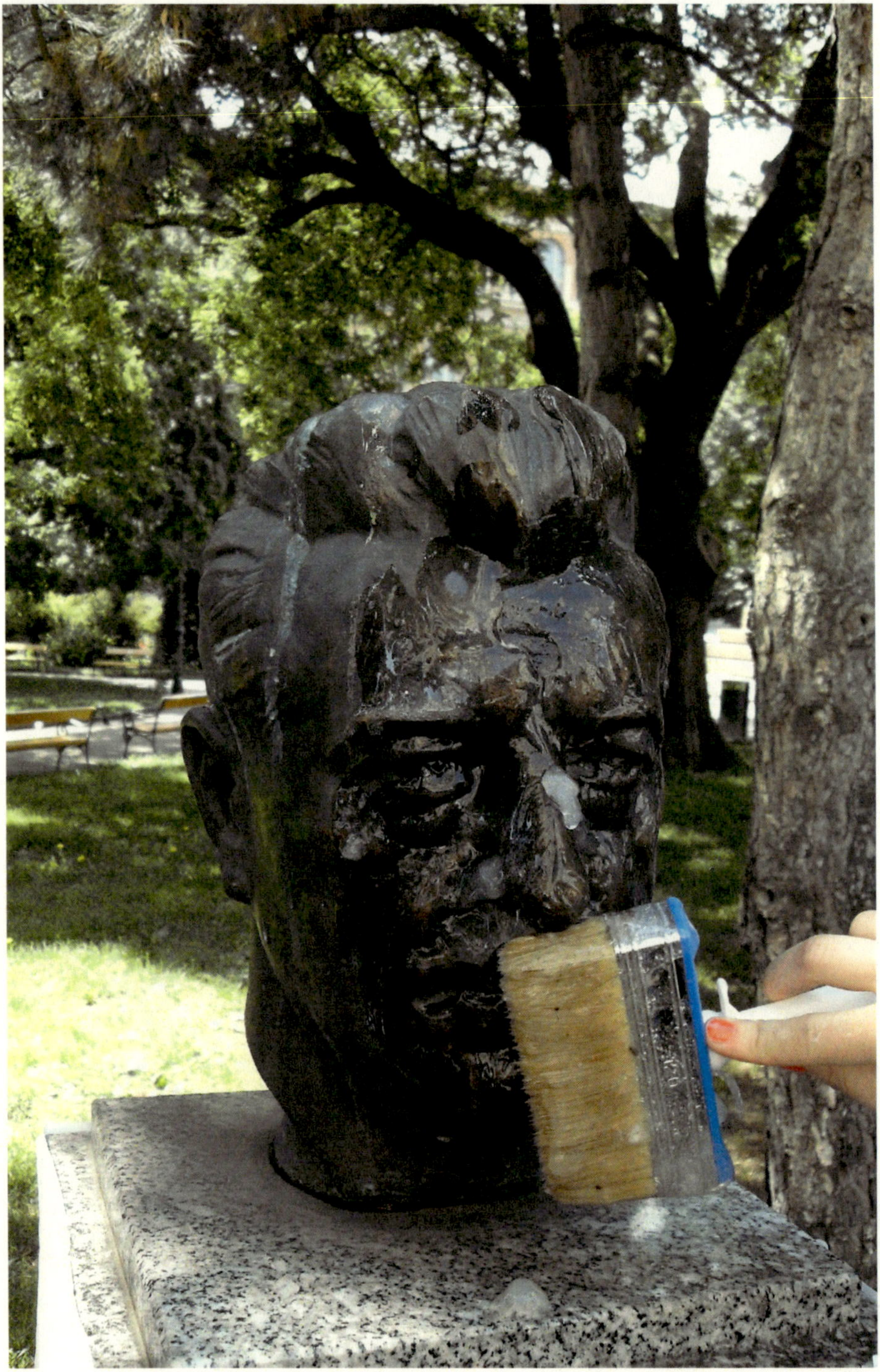

Ein Denkmal,
das einen Nationalsoz...
verharmlost den Nati...
und die Shoa...

1. "Gauermann" gasse

1., Platz der* vom Platz vertriebenen Jüd_innen
*auf Betreiben der Akademie 1938/39

IN THE SAME BOAT

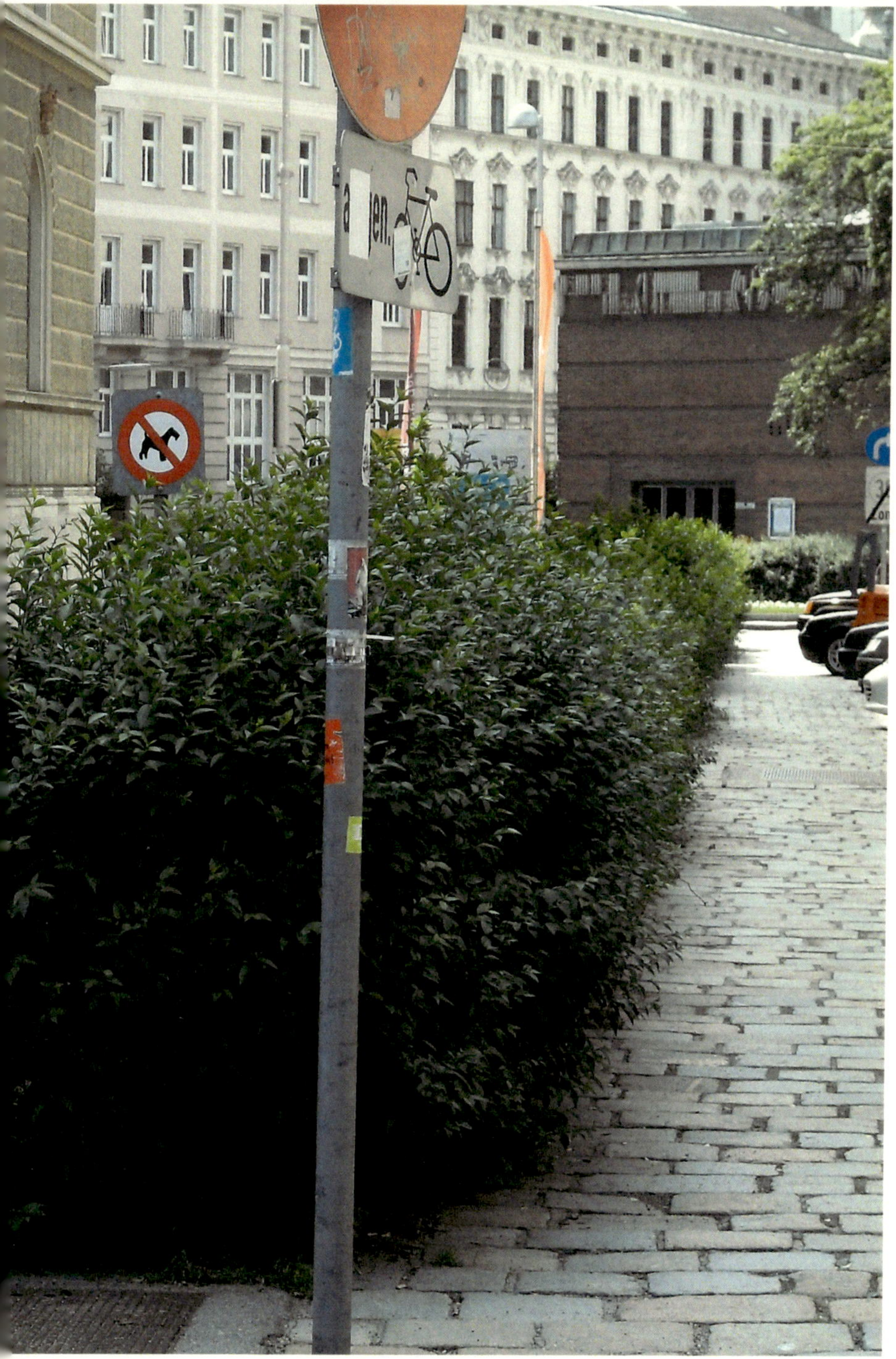
a
jen.

Plattform Geschichtspolitik

Fotos der zwei Interventionen der Plattform Geschichtspolitik am „Platz der auf Betreiben der Akademie der bildenden Künste Wien 1938/39 vom Platz vertriebenen Jüd_innen" am 29. Mai 2010.

Aus der Presseaussendung zur Intervention:

Der Schriftsteller Josef Weinheber war aktiver Nationalsozialist. […] 1940 wurde die Büste zu seinen Ehren hergestellt. Ihr Autor, Josef Bock, war Absolvent der Akademie der bildenden Künste, für die vom Oberkommando der Wehrmacht organisierte Ausstellung „Krieg und Kunst" fertigte er eine Büste Adolf Hitlers an. 1975 wurde die Büste Weinhebers auf einem einzementierten Granitsockel des Bildhauers Heribert Rath aufgestellt.

„Ein Denkmal, das einen Nationalsozialisten würdigt, verharmlost den Nationalsozialismus und die Shoah", so eine der Initiator_innen von der Plattform Geschichtspolitik. „Wir rufen alle Bewohner_innen Wiens auf, die Geschichte ihrer Wohn- und Arbeitsstätten sowie sonstiger Aufenthaltsgegenden kritisch zu erforschen und nach antifaschistischen Grundsätzen zu bearbeiten. Die Stadt Wien fordern wir dazu auf, allen Personen, die sich faschistischer Verbrechen schuldig gemacht haben, Personen, die Mitglieder der Vaterländischen Front oder einer ihrer Vorfeldorganisationen waren, Personen, die Mitglieder der NSDAP oder einer ihrer Vorfeldorganisationen waren, repräsentative Positionen im öffentlichen Raum sofort zu entziehen."

Nach der Machtübernahme der Nationalsozialist_innen in Österreich wurden Jüd_innen systematisch aus dem öffentlichen Leben ausgeschlossen, in Zuge dessen wurden auch alle jüdischen Studierenden, Lehrenden und Angestellten von der Akademie der bildenden Künste vertrieben. Ab August 1938 war es Jüd_innen verboten sich in Parkanlagen aufzuhalten, der Park vor dem Akademiegebäude am Schillerplatz war von dieser Regelung jedoch ausgenommen. Aus Empörung darüber sah sich die Akademie veranlasst, für die Vertreibung der Jüd_innen von dieser öffentlichen Fläche einzutreten. Ihrer Forderung wurde im Jänner 1939 nachgekommen.

[…] Die Plattform Geschichtspolitik fordert die Akademie der bildenden Künste auf, die Geschichte ihrer Teilhabe an Faschismus und Nationalsozialismus öffentlich zu verhandeln und eine Umgestaltung des Schillerplatzes zu einem Erinnerungsort für die vom Platz vertriebenen Jüd_innen zu veranlassen.

http://at.indymedia.org/node/18334

REGIMEFÄLLE 2

Zwölf Kilometer

Die Mariza ist ein Fluss, der auf Griechisch Evros heißt. Darin sind 2010 zwischen 25 (*El País*) und 41 (*Wikipedia*) Menschen bei dem Versuch ertrunken, von einem ans andere Ufer zu gelangen. Seit 2006 sind es über 100. Die Mariza entspringt im bulgarischen Rila-Gebirge, mündet in der Ägäis und heißt auf Türkische Meriç. Sie bildet die Grenze zwischen Griechenland und der Türkei und ist damit eine der Außengrenzen der Europäischen Union. Nur an einer Stelle, dem etwas über zwölf Kilometer langen Abschnitt zwischen Nea Vyssa und Kastanies, fließt der Evros ganz auf türkischem Gebiet und lässt sich auf einer Brücke überqueren. Diese zwölf Kilometer Landgrenze wurden 2010 zu dem Ort, an dem die meisten Migrant*innen illegal in die EU einwanderten, etwa 40.000, rund 200 am Tag. Solche Orte haben Konjunkturen (im Jahr darauf war, im Anschluss an den „Arabischen Frühling", die italienische Insel Lampedusa wieder der frequentiertere Ort). Das heißt, die Migration findet ihre Wege über die Orte, die am leichtesten zu passieren sind. Wobei leicht hier schwer relativ zu verstehen ist. Die Migration treibt in diesem Sinne die Sicherheitspolitik vor sich her. Migrant*innen, die an der türkisch-griechischen Grenze von der Polizei aufgegriffen werden, geben an, aus Somalia zu kommen, wenn sie Afrikaner*innen sind. Wenn sie aus dem Nahen Osten kommen, deklarieren sie sich als Afghan*innen oder Pakistaner*innen: Das sind die Länder, mit denen die Türkei bislang keine so genannten Rücknahmeabkommen hat. Die Migration hat ihre Eigengesetzlichkeit, die Migrant*innen ihren Eigensinn. Dass Migrant*innen nicht nur als Opfer einer in den Abkommen von Schengen und Dublin manifestierten Politik der Staatsapparate beschrieben werden, war einer der theoretischen Einsätze des Begriffes Migrationsregime. Der Regime-Begriff bezeichnet auf Migration bezogen „das Verhältnis zwischen den Handlungen der Migrant*innen und den Agenturen der Kontrolle nicht als binäres

Subjekt-Objekt Verhältnis"[63], sondern als soziale Beziehung. Ein Regime ist demnach ein „Ensemble von gesellschaftlichen Praktiken und Strukturen – Diskurse, Subjekte, staatliche Praktiken – deren Anordnung nicht von vornherein gegeben ist [...]."[64]

Das mehr als eine halbe Seite einnehmende Foto, das die Reportage der Madrider Tageszeitung *El País* dem Thema „Durch den türkischen Korridor schlüpfen" bebildert, vermittelt vor allem, dass im Grunde genau dies kaum möglich ist oder doch zumindest eher unterlassen werden sollte: schlüpfen oder, wie sich „huir" auch übersetzen ließe, fliehen, flüchten.[65] In nächtlicher Szene stehen vier Grenzbeamte um ein Auto herum, drei rechts, einer links, die Rückansicht des Autos füllt die Bildmitte. Am rechten Bildrand steht ein Polizeiwagen, dessen Heck schon mit der Dunkelheit verschmilzt, links eine finstere Häuserzeile. Der Horizont ist zu düster, um erkannt werden zu können. Ein einfaches Straßenschild verweist auf einen Grenzübergang. Im Auto sitzen, schwer zu erkennen, mindestens zwei Leute. Eine Fahrt vom 220 Kilometer entfernten Istanbul bis zur Grenze kostet 1000 US Dollar, die Überfahrt per Boot noch einmal 500 US Dollar pro Person. Das Bild, jetzt wird es klar, erzählt also auch von „dunklen Machenschaften". Wo es Illegalisierte gibt, existieren auch mafiöse Strukturen, die diesen Status der Anderen ausnutzen und zu Geld machen.

Ein Migrationsregime umfasst auch solche Formen der informellen Ökonomie. Es schließt Berichte über die Grenzkontrollen an den EU-Außengrenzen in linksliberalen Tageszeitungen wie der *taz* oder dem *Standard* mit ein, die im Netz so kommentiert werden, dass man die Kommentare in konservativen Medien gar nicht lesen möchte. Die Idee des griechischen Ministers fürs Heimatschutz, Christos Papoutsis, die Grenze mit einer Mauer nach dem Vorbild der Grenzanlage zwischen den USA und Mexiko zu errichten,

63 Serhat Karakayali, Vassilis Tsianos: „Movement that matters. Eine Einführung." In: Transit Migration Forschungsgruppe (Hg.): *Turbulente Ränder. Neu Perspektiven auf Migration an den Grenzen Europas*. Bielefeld: transcript 2007, S. 7–17, hier S. 14.
64 Ebd.
65 Blanca López Arangüena: „Huir por el corredor turco", *El País*, Madrid, 30.01.2011, S. 10–11.

wird von den privilegierten Sackgesichtern aus den Reihen der *taz*-Leser*innenschaft jedenfalls positiv aufgenommen.[66]
   Die türkisch-griechische Grenze ist insgesamt 206 Kilometer lang. Zwölf davon haben Flüchtlinge reterritorialisiert. Und Reaktionen hervorgerufen: Postings und Zaunpläne, EU-Konferenzen und Mafiaaktivitäten. Ein Migrationsregime besteht nicht nur aus Sicherheitsdiskurs und Grenzkontrollen. Am 25. Januar 2011 begannen 300 Flüchtlinge in Athen und Thessaloniki einen Hungerstreik gegen die unwürdigen Behandlung durch die griechischen Behörden, die zwangsweise Arbeitslosigkeit und die Illegalisierung.[67]

Zur materiellen Struktur von Ideologie

Im Wiener Schillerpark, direkt vor der Akademie der bildenden Künste, stehen verschiedene Denkmäler.[68] Alle überragend das des Platznamensgebers, zwischen Bänken und Gestrüpp dann noch die ein oder andere Gedenktafel samt Büste für verstorbene Dichter und Musiker. Auch der Autor des Werkes „Blut und Stahl. Drei Oden" blickt hier aus seinen Bronzeaugen Richtung Ring: Dem österreichischen Dichter Josef Weinheber hatte Josef Bock 1940 seine Skulptur gewidmet, auf dem jetzigen Granitsockel (von Heribert Rath) mit der schlichten Aufschrift „Weinheber" steht sie erst seit 1975. Weinheber war 1931 in die NSDAP eingetreten und bekennender Antisemit. Goebbels hatte ihm 1941 den Grillparzer-Preis überreicht und Hitler ließ ihn 1944 in die so genannte „Gottbegnadeten-Liste" aufnehmen, in der die wichtigsten Schriftsteller des NS-Reiches gelistet waren. Am letzten Mai-Wochenende 2010 wurde die Büste von Aktivist*innen

---

66 Jürgen Gottschlich: „Griechenland schottet sich ab", *die tageszeitung*, Berlin, 02.01.2011, http://www.taz.de/1/politik/europa/artikel/1/griechenland-schottet-sich-ab/ [Zuletzt aufgerufen am 13.01.2012]
67 http://www.occupiedlondon.org/blog/2011/01/16/472-three-hundred-refugees-set-to-commence-mass-hunger-strike-in-greece/ [Zuletzt aufgerufen am 13.01.2012]
68 Der folgende Textabschnitt ist inspiriert von der Arbeit der *Plattform Geschichtspolitik*, die 2009 an der Akademie der bildenden Künste Wien entstanden ist und deren Protagonist*innen auch am Regime-Workshop im Mai 2010 teilnahmen.

beklebt, Kopf und Sockel eingehüllt mit Informationen über den Nazi-Dichter.

Vielleicht liegt es daran, dass einer der Romane Weinhebers in den 1920er Jahren noch in der sozialdemokratischen *Arbeiter-Zeitung* abgedruckt war, dass so ein Ding hier heute noch unwidersprochen steht.[69] Vielleicht liegt es aber auch einfach an der Stumpfheit der kollektiven Wahrnehmung gegenüber dem, was Antonio Gramsci mal als Ausdruck einer „materiellen Struktur der Ideologie"[70] bezeichnet hat, nämlich Straßennamen, Denkmäler, Büsten, selbst Architekturen. Gramsci hatte, anders als einige seiner marxistisch-leninistischen VorläuferInnen, das Materielle und das Ideelle nicht als starre Dichotomie voneinander getrennt betrachtet und auch davon abgelassen, Ideologie als Niederschlag objektiver Verhältnisse im Denken der Menschen zu begreifen. Vielmehr ging es ihm darum aufzuzeigen, dass Ideologie einerseits ganz praktisch im Alltag produziert und gelebt wird und dass sie sich andererseits dadurch in allerlei Zeichen und Institutionen manifestiert. Denkmäler und Straßennamen sind demnach solche Manifestationen.[71] Dass der Weinheber-Kopf noch immer da steht, liegt vielleicht, und das möchte man aus linker Perspektive wohl annehmen, aber auch an der gelinde gesagt laxen, un- oder zumindest sehr spät reflektierten Haltung vieler Österreicher*innen zur eigenen, nationalsozialistischen Vergangenheit. Liegt hier ein postnationalsozialistisches Geschichtsregime vor,

---

69 Widerspruch hat sich mittlerweile doch eingestellt. Vor Ihrem Amtsantritt kündigte auch die neue Rektorin der Akademie eine Überprüfung der Ehrenmitgliedschaft Weinhebers an eben dieser Institution an, Thomas Trenkler: „Josef Weinheber weiterhin Ehrenmitglied.", *Der Standard*, Wien, 04.09.2011, http://derstandard.at/1311802733480/Akademie-am-Schillerplatz-Josef-Weinheber-weiterhin-Ehrenmitglied [Zuletzt aufgerufen am 13.01.2012] – eine Ankündigung im Übrigen, die in den Postings zum Artikel erschreckend viele Verteidiger*innen Weinhebers als großen Dichter und bloßen Mitläufer auf den Plan rief.
70 Antonio Gramsci: *Gefängnishefte. Band 2. 2 bis 3. Heft*. Hamburg: Argument 2000, S. 374.
71 Vgl. dazu etwa Jan Rehmann: *Einführung in die Ideologietheorie*. Hamburg: Argument 2008, S. 82ff.

das die Existenz einer Nazidichter-Büste im öffentlichen Raum, mitten im 1. Wiener Gemeindebezirk, zulässt?

So einfach, dass postnationalsozialistisch hier die ungebrochene Kontinuität beschreiben könnte, ist es nicht. Denn selbst wenn nicht unbedeutende Institutionen wie das Burgtheater, die Uni Wien und das Wiener Rathaus heute noch ihr Briefpapier mit einem Antisemiten schmücken müssen, weil ihre Gebäude am Dr. Karl Lueger-Ring stehen, so eindeutig dominant ist die rechte Namensgeberschaft keineswegs. Das Geschichtsregime ist wenn dann eines, das sich selbst als umkämpftes Terrain präsentiert. Es beinhaltet insofern vielleicht deutlicher als die Begriffe „kommunikatives Gedächtnis" und „kulturelles Gedächtnis", die Aleida Assmann und Jan Assmann vorgeschlagen haben, das Dynamische, Umkämpfte, Umstrittene des Geschichtlichen.[72] Der öffentliche Raum ist angefüllt mit Manifestationen, mit in Form gebrachten Ansichten und Denkweisen, die in Konkurrenz zueinander stehen, ohne dass diese Gegenläufigkeit und Widersprüchlichkeit noch bewusst und im Alltag ausgetragen werden müsste (d. h. keine Studierende denkt jeden Morgen beim Eintritt in die Uni, „Mist, schon wieder in das Haus an der nach dem Antisemiten benannten Straße!").

Wenige Städte zeigen sich dabei dermaßen als Kampfstätten zwischen rechts und links wie Wien. Denn Wien hat nicht nur seine Nazi-Dichterköpfe, sondern Wien ist auch voll mit Straßennamen von Sozialdemokrat*innen und Sozialist*innen: Hier treffen noch Karl Liebknecht und Rosa Luxemburg aufeinander (im 16. Bezirk), der Austromarxist Otto Bauer wird beim Einkaufen auf einer der größten

---

[72] Jan Assmann unterscheidet beim *kollektiven* Gedächtnis zwischen *kommunikativem* und *kulturellem* Gedächtnis. Das kommunikative Gedächtnis ist an eine Gruppe, insbesondere an eine Generation gebunden und vergeht mit den Träger*innen. Es aktualisiert sich im Alltag durch alle möglichen Leute und ihre Gespräche und Erzählungen, wohingegen dem kulturellen Gedächtnis nicht zuletzt durch seine spezifischen bzw. spezialisierten Träger*innen etwas Außeralltägliches und Feierliches anhaftet. Im kulturellen Gedächtnis gerinnt Vergangenheit „zu symbolischen Figuren, an die sich Erinnerung heftet." Jan Assmann: *Das kulturelle Gedächtnis. Schrift, Erinnerung und politische Identität in frühen Hochkulturen*. München: C. H. Beck 2005, 5. Aufl., hier S. 52.

Shoppingmeilen gekreuzt, Friedrich Engels wird an dem nach ihm benannten Platz per Straßenschild neutral als „Begründer des wissenschaftlichen Sozialismus" ausgewiesen und selbst – wohl einzigartig in Westeuropa – Josef Stalin hat hier nach wie vor seine Gedenkplakette: Im Haus der heutigen Pension Schönbrunn schrieb er, informiert die Tafel mit dem Konterfeirelief des späteren Diktators, 1912/13 „Marxismus und nationale Frage".

Wenn es so etwas wie ein Geschichtsregime gibt, dann nur als inhaltlich nicht fixiertes, umstrittenes Terrain, dessen Umkämpftheit nicht unbedingt alltäglich wahrnehmbar ist. Das Geschichtsregime selbst macht sie unsichtbar, dass auch die vielen nach Antonio Gramsci selbst benannten Straßen und Plätze in Italien materialisierte Ideologie und Ergebnisse von Kämpfen sind, bleibt längst im Verborgenen. Interventionen wie die Beklebung des Weinheber-Denkmals sind Interventionen ins Geschichtsregime insofern, als hier die alltägliche Nicht-Wahrnehmung unterbrochen wird. Die Straßenschilder des Schiller-Platzes wurden bei der Gelegenheit ebenfalls überklebt mit Aufklebern, die dem offiziellen Schriftzug formal identisch waren: „Platz der vom Platz vertriebenen Jüd_innen" stand nun mit weißer Schrift auf blauem Grund auf den Schildern statt Schillerplatz. Denn an diesem Platz hatte auch die Akademie der bildenden Künste dafür gesorgt, dass Jüdinnen und Juden aus ihrer Institution – und bekanntermaßen nicht nur von dort – verschwinden.

Gestalte Deine Fingernägel! Zur Frage, ob es ein Kunstregime gibt

Wenn die neue Rektorin erst mal ihr Budget vorgestellt habe, das in diesen Zeiten nur schrumpfend vorstellbar ist, dann, ja dann werde der „Chor der Produzent_innen, Agent_innen, Gestalter_nnen und Vermittler_innen, vormals Künstler genannt, rasch heiser werden." Das schreibt der Kunstzuständige der Wiener Stadtzeitung *Falter* über die Akademie der bildenden Künste.[73] Die Häme ist deutlich herauslesbar wie die unumwundene Abneigung gegen einen von political

---

73 Matthias Dusini: „Erdung des Diskurskunsthimmels: die Rektorin Eva Blimlinger." In: *Falter*, Wien, Nr. 31/11, 3.8.2011, S. 6.

correctness aufoktroyiert empfundenen, differenzierten Sprach- und Zeichengebrauch – die geballte Unterstrichschreibweise soll wohl anzeigen, wie hässlich und bekloppt es ist, so zu schreiben. Wie die Anti-PC-Krieger der 1990er Jahre tut der *Falter*-Autor so, als wäre das Beharren auf angemessener Repräsentation in der Sprache nicht eine Errungenschaft, sondern ein diskursiver Firlefanz linker Besserwisser und letztlich mit Schuld an der Herrschaft der Ökonomie.[74] „Denn die Rhetorik der Demokratisierung – Partizipation und Gendermainstreaming – verliert rasch ihre Schlagkraft, wenn es um die Verteilung der Tortenstücke geht." Was haltet ihr euch also mit Rhetorik auf, ihr Wappler, wo ganz andere Dinge auf dem Spiel stehen! Selbst schuld also, aber auch gut so: Die „Erdung des Diskurskunsthimmels", so der Titel des Textes, fasst zugleich den beschriebenen Inhalt zusammen, benennt eine scheinbar objektive Notwendigkeit und bringt den dringenden politischen Wunsch des Autors zum Ausdruck. Der permanenten Diversifizierung des sozialen Raumes versuchen die Konservativen von jeher mit dem Festzurren der sozialen Rollen zu begegnen: Die beiläufige Verhöhnung der Unterstrich- und Innenschreibweise zielt ja auch auf einen uralten antitransformatorischen Imperativ: Schuster, bleibt bei Deinen Leisten! Und Künstler, Du eben bei Deiner Kunst, was im gleichen Artikel noch durch die Behauptung der „Unsinnigkeit eines Doktoratsstudiums für Philosophie an der Akademie" unterstrichen wird.

Ist dies Ausdruck des gegenwärtigen Kunstregimes? Längst ist die gegenläufige Tendenz evident, Künstler*in nicht bloß um der Kunst, sondern um des Lebens willen zu sein. Eine ganze Reihe von sozial-,

---

74 Zum Kulturkampf um die political correctness und seine rechten Anführer vgl. Diedrich Diederichsen: *Politische Korrekturen*. Köln: Kiepenheuer & Witsch 1996. Der *Falter*-Autor hatte seiner Haltung gegen political correctness auch an anderer Stelle schon Ausdruck verliehen, etwa in der Tageszeitung *Der Standard* vom 24.11.2010, wo er unter dem Titel „Neo-Avantgardisten der Höflichkeit?" beklagt, dass die „Kunstbiennalen und Documentas [...] zu Schulen der Höflichkeit geworden [seien], an denen die Sprache des Antiziganismus, des Antirassismus, des Antisexismus und der Antihomophobie gelehrt wird.", http://derstandard.at/1289608702006/Kommentar-der-anderen-Neo-Avantgardisten-der-Hoeflichkeit

kultur- und sogar wirtschaftswissenschaftlichen Autor*innen[75] hat die Kunst als Lebenskunst entdeckt und die ehemaligen outsider- und Bohème-Praktiken als erstklassige Modelle für die Mehrheit ausgemacht: Die Kreativität ist ihres rebellischen Impetus entkleidet und gilt als produktivitätssteigernd und sogar standortsichernd. Flexibilität und Mobilität sind ohnehin zu neoliberalen Imperativen geworden, die nur mit dem Versprechen auf intrinsische Motivation und einer dem Kunstmachen gleich erfüllenden Arbeit hegemonial werden konnten. Schon Ende 1999 brachte die Firma Citroën ihr Modell *Xsara Picasso* auf den Markt, ab 2006 abgelöst von dem etwas eleganter klingenden *Citroën C4 Picasso*, beides übrigens keine sportlichen Artisten-Flitzer oder extravagante Bürgerkarossen, sondern Familien-Vans. In der Wiener Reindorfgasse heißt ein kleines schmuddeliges Nagelstudio, in dessen Schaufenster selbstgemachte Fotos von extrem farbenprächtigen, wohl besonders künstlerisch gestalteten Fingernägeln hängen, „Picasso Nails."

Dass die Bilder vom Künstler*innentum ihren Reiz haben, ist bekannt und dass sie fürs Stadtmarketing einen Standortvorteil bringen, empirisch belegt. Warum es aber offenbar auch als Anreiz für lebensgestaltende Maßnahmen dient, die über die Maniküre und den Autokauf weit hinausgehen, ist erklärungsbedürftig, ja wirklich verwunderlich. Denn die soziale Wirklichkeit der Kunstschaffenden ist nicht geprägt von entspannt spätem Aufstehen und hedonistischen Produktionsverhältnissen.[76] Im Gegenteil: Kaum ein gesellschaftliches Segment ist von dermaßen ungleichen Einkommen für vergleichbare Leistungen durchzogen wie das künstlerische Feld, einige

---

75 Gemeint sind etwa Zygmunt Bauman, Luc Boltanski und Ève Chiapello, Richard Florida, Pierre-Michel Menger u. a., zusammenfassend vgl Jens Kastner: „Nach dem Ende der Avantgarden. Vom ‚Spirit of '68' zum ‚neuen Geist des Kapitalismus'." In: Konrad Becker, Martin Wassermair (Hg.): *Nach dem Ende der Politik. Texte zur Zukunft der Kulturpolitik III*. Wien: Löcker 2011, S. 142–157.

76 Im Hotel Neutor in Salzburg, das den Untertitel „Künstlertreff Salzburg" führt und all seine Angebote zur Kunst erklärt (wie etwa „Die Kunst der Gastfreundschaft" oder auch „Die Kunst des großen Frühstücks"), gibt es eigens für die spät abends noch arbeitenden MusikerInnen und andere KünstlerInnen eine „Langschläfer-Etage". http://www.neutor.at/

wenige verdienen extrem viel, die meisten aber extrem wenig, Frauen noch mal weniger als Männer (und der Verdienst von Transpersonen wird nicht einmal statistisch erfasst). Die Ungleichheit fängt aber schon viel früher an als bei der Frage des Verkaufserfolgs von Werken, nämlich beim Zugang zum Feld. Die Soziologin Barbara Rothmüller hat 2009 eine Befragung unter den Bewerber*innen an der Akademie – vor und nach der Zulassung – durchgeführt.[77] Dabei zeigte sich unter anderem: Schon allein die Antwort auf die Frage, wer überhaupt Bildende Kunst studieren *will*, hängt stark vom ökonomischem und vom kulturellen Kapital ab.[78] Kunsthochschulbewerber*innen kommen im Vergleich zu anderen Studienanfänger*innen an anderen Universitäten noch häufiger als diese aus gehobeneren sozialen Schichten und noch seltener aus den unteren.[79] Was Pierre Bourdieu die „ästhetische Disposition" genannt hat – ein im Kunstfeld ausgebildeter Klassenhabitus und als solcher eine besondere „Stütze der symbolischen Macht

---

[77] Barbara Rothmüller: *Endbericht. BewerberInnen-Befragung am Institut für bildende Kunst 2009. Im Auftrag der Akademie der bildenden Künste Wien.* www.akbild.ac.at

[78] „Ein Drittel aller BewerberInnen rekrutiert sich aus Familien, in denen mindestens eine Person im Kunstfeld tätig ist (vgl. II.3.3.). Insbesondere bei hoher sozialer Herkunft kommt mehr als jede/r 2. BewerberIn aus einer Familie mit beruflichem Kunstbezug." Ebd., S. 11.

[79] „Wie generell an allen Universitäten beginnen auch an Kunstuniversitäten überproportional viele Kinder aus AkademikerInnenfamilien ein Studium. BewerberInnen am IBK haben 3,5-mal so häufig Eltern mit Universitätsabschluss als in der Vergleichsgeneration der österreichischen Bevölkerung. Auch BewerberInnen, deren Eltern einen Matura- oder Akademie-Abschluss haben, sind überrepräsentiert, während Kinder von Eltern mit Pflichtschul- oder Lehrabschluss deutlich unterrepräsentiert sind: [...]." Und: „Die Schichtzugehörigkeit der österreichischen BewerberInnen am IBK ist wiederum deutlich höher als die Schichtzugehörigkeit von Studierenden an österreichischen Universitäten 2006. Während der Anteil von BewerberInnen aus hoher sozialer Schicht am IBK 36% beträgt, waren es 2006 bei Studierenden allgemein nur 21%. Letztere kommen mit 20% dafür doppelt so häufig aus niedriger Schicht als BewerberInnen am IBK (9%). Bei mittlerer und gehobener Schicht finden sich nur geringe Unterschiede." Ebd., S. 37 und S. 48.

in den Körpern"[80] –, macht sich nicht nur bei den Bewerber*innen bemerkbar, sondern auch im Zulassungsverfahren. Denn auch wer schließlich Kunst studieren *darf*, unterliegt einer zusätzlichen sozial fundierten Auslese.[81] Diese hochselektive Angelegenheit gipfelt dann ironischer Weise allerdings in Prekarisierung. Nicht sozialer Aufstieg ist die Regel der Kunstkarriere, sondern ein nach unten offenes Abgleiten. Künstler*innen entstammen mehrheitlich dem bürgerlichen Milieu, sind vergleichsweise gebildet und gut ausgebildet. Ihre Werte für gefühlte Belastungen sind aber relativ hoch, die für subjektives Wohlbefinden extrem niedrig. Das kommt nicht von ungefähr, denn Künstler*innen in Österreich verdienen mit ihrer originären Tätigkeit, also mit der Kunstproduktion, zwei Drittel weniger als das Mitteleinkommen unselbstständig Beschäftigter ausmacht. Selbst inklusive der kunstfernen Tätigkeiten wird immer noch ein Drittel weniger verdient (4.500 bzw. 12.400 Euro pro Jahr netto im Vergleich zu 17.100 Euro bei den unselbstständig Beschäftigten). Zudem arbeiten Künstler*innen öfter in Teilzeit, sind öfter mehrfachbeschäftigt und sind darüber hinaus häufig unzureichender versichert als der Durchschnitt. All das hat eine Studie „Zur sozialen Lage der Künstler und Künstlerinnen in Österreich" ergeben, die im Auftrag des Bundesministeriums für Unterricht, Kunst und Kultur erstellt und 2008 veröffentlicht worden ist.[82]

80 Pierre Bourdieu: *Meditationen. Zur Kritik der scholastischen Vernunft*. Aus dem Französischen von Achim Russer. Frankfurt a. M.: Suhrkamp 2001, S. 221; vgl. auch Jens Kastner: *Die ästhetische Disposition. Eine Einführung in die Kunsttheorie Pierre Bourdieus*. Wien: Turia + Kant 2009.

81 „Mit der Höhe des kulturellen Kapitals erhöht sich die Wahrscheinlichkeit einer Zulassung zum Studium am IBK von 6% bei keinem bzw. vereinzeltem kulturellen Kapital auf 28% – das ist das 4,5-fache – bei BewerberInnen mit hohem kulturellem Kapital, also bei den BewerberInnen, die bereits mehrmals ihre Arbeiten öffentlich gezeigt, bei künstlerischen Projekten mitgearbeitet, eine künstlerische Vor-/ Ausbildung zumindest begonnen und/oder sich schon mehrfach für ein Kunststudium beworben haben." Rothmüller, *Endbericht. BewerberInnen-Befragung am Institut für bildende Kunst 2009*, a.a.O., S. 63.

82 Susanne Schelepa, Petra Wetzel, Gerhard Wohlfahrt, unter Mitarbeit von Anna Mostetschnig: *Zur sozialen Lage der Künstler und Künstlerinnen in*

Wie jedes Regime ist auch das Kunstregime eines, das widerstreitende, ja antagonistische Ansprüche an die Einzelnen in sich vereint und sowohl emanzipatorische als auch extrem regressive, konservative Aspekte im Hinblick auf das Soziale enthält. Wenn es ein Kunstregime gibt, dann als biopolitisches, d. h. auf verwertbare Lebensgestaltungen abzielendes Projekt. Wenn es ein Kunstregime gibt, dann ist damit zunächst Konkreteres beschrieben als die Wahrnehmungsweisen, die Jacques Rancière das „ästhetische Regime" nennt. Kunstnäheres, Kunstfeldinternes. Bourdieus Begriff des Kunstfeldes zielt auf die spezifischen Reproduktionsweisen verschieden aneinander gekoppelter Milieus und Akteur*innen (Künstler*innen, Sammler*innen, Kurator*innen, Kritiker*innen usw.) inklusive ihrer Arrangements mit den partikularen Institutionen (Museen, Galerien, Akademien usw.). All ihre Beziehungen sind von Macht durchzogen, und es spielen sich Kämpfe zwischen Aufstrebenden und Arrivierten ab wie in anderen Feldern auch – aber auf ganz spezifische Art und Weise und nach Regeln, die nur hier gelten (und nicht im Sport oder anderswo). Das Kunst*regime* aber beschreibt die Herrschaftseffekte, die aus dem Kunst*feld* hinausschwappen und Verbindlich- sowie Dringlichkeiten an Orten und in Situationen herstellen, die bis dahin nicht von Kunst berührt schienen (Autowerkstatt, alltägliche Körpergestaltung bis in die Fingerspitzen). Als biopolitisches Projekt verknüpft das Kunstregime den funktionalen Rollen-Imperativ gegenüber konkreten Subjekten („Künstler, bleib bei deiner Kunst!") mit der sozialgestalterischen Aufforderung, das Leben zum Kunstwerk zu machen, flexibel und fingernagelgestaltet zu sein. Die punktgenaue Konzentration des Experten wird mit einem Ganzkörpereinsatz rund um die Uhr für alle kurzgeschaltet. Das „unternehmerische Selbst" (Ulrich Bröckling) als Subjektivierungsmodell des Neoliberalismus hat im Kunstregime seine Erweiterung gefunden, die keine produktive Kraft mehr auslässt zur Kommodifizierung. Dieses Festzurren einerseits und die Diffusion andererseits sind aber auch ein klassisch ideologisches Paar: sie verleugnen die ungleichen Zugangsvoraussetzungen ebenso wie

Österreich. Studie im Auftrag des Bundesministeriums für Unterricht, Kunst und Kultur. Wien 2008, http://www.bmukk.gv.at/kunst/bm/studie_soz_lage_ kuenstler.xml [Zuletzt aufgerufen am 13.01.2012]

die tatsächliche Misere echter Kunstfeldmitglieder. Es ist eigentlich relativ leicht durchschaubar. Aber es erfüllt seine Karottenfunktion und treibt uns Kunstesel auf der Jagd nach kulturellem Kapital vor bzw. hinter sich her. Diese Anhäufungsaussicht auf Bildung, Privileg und Prestige jedenfalls wäre ein Schlüssel zur Antwort auf die Frage, warum ein solches Regime überhaupt Partizipation genießt. Ansonsten wäre es auch ein Leichtes, bei den nächsten Budget-Verhandlungen den Picasso in der Garage zu lassen und erst mal auszuschlafen.

City Night Line (Wo Grenzregime und Blickregime sich „Gute Nacht" sagen)

Die innereuropäischen Grenzen sind keine Linien mehr, sondern Räume. Kontrollen finden nicht mehr am Schlagbaum statt, sondern irgendwo. Die so genannte Freiheit des Personenverkehrs ist bekanntlich das Privileg von Angehörigen bestimmter Nationalstaaten. Aber selbst als solche sind viele nicht vor Grenzkontrollen gefeit, die ihre Zugehörigkeit, ihren Status und ihre Legitimität in Frage stellen. Denn es gibt noch mehr als im Pass verbriefte Differenzen. Nämlich solche, die auf und in die Körper geschrieben sind und durch Blicke permanent neu gezeichnet werden. Das klingt abstrakt, ist es aber ganz und gar nicht: Der City Night Line war, als sich Billigflieger noch nicht etabliert hatten, eine stark frequentierte, nächtliche Zugverbindung zwischen Deutschland und Österreich. Hinter Passau (in beide Richtungen) kamen irgendwann immer zwei zivil gekleidete, meist mit leger über eine Schulter gehängten Sportrucksack und Taschenlampe ausgestattete, kurzhaarige und unfreundliche Grenzpolizisten durch den Zug. Kontrolliert wurde nach Augenmaß: je dunkler die Haar- und die Hautfarbe, desto wahrscheinlicher die Passkontrolle! Aus der Sicht der Grenzbeamten ein rationales Verfahren, das sich nach der Wahrscheinlichkeit für das Auffinden illegitim Reisender zu richten schien.[83] Der Polizist aus Louis Alt-

---

83 Das hier hat empirische Evidenz: Der Autor dieses Textabschnitts ist die Strecke zwischen dem Ruhrgebiet und Wien innerhalb von zwei Jahren etwa 30 Mal gefahren, die geschilderten Augenmaßnahmen spielten sich jedes Mal ab!

hussers Subjektivierungsbeispiel, der mit dem Ruf „He, Sie da!" das Individuum dazu bringt, sich umzudrehen und sich damit zugleich zu unterwerfen und zum Subjekt zu machen, dieser Polizist hat als Grenzbeamter oder Grenzbeamtin nicht nur eine Stimme, sondern auch noch einen Blick.[84] Einen trainierten Blick, der einteilt und wirkmächtig Klassifizierungen vollzieht.

Bereits einer der „Klassiker" der Kultursoziologie, Georg Simmel, hatte in seinem „Exkurs über die Soziologie der Sinne" (1908) dem Blick eine soziale Wirkmächtigkeit zuerkannt.[85] Simmel weist einerseits auf die beiden Ebenen der Konstitution sozialer Gruppen bzw. Gruppenidentitäten hin: Zum einen gibt eine (häufig ermächtigende) Selbstzuschreibung, ein Erblicken von Ähnlichen und damit ein Herstellen von Zugehörigkeit, zum anderen die (nicht selten stigmatisierende) Fremdzuschreibung wie im Grenzbeamtenbeispiel. Andererseits macht Simmel deutlich, dass es weder in alltäglicher noch in wissenschaftlicher Hinsicht den neutralen Blick, das Sehen ohne Auswirkungen, gibt. Dieser zweite Aspekt wird zum kleinsten gemeinsamen Nenner aller späteren Auseinandersetzungen mit dem Blick: „Das Sehen als vorherrschendes Paradigma der Erkenntnis, wie es die dominante Tradition der Moderne begriffen hatte, verwandelt sich nun von einer Technik der Wissensproduktion in einen Gegenstand der Kritik."[86] Der Blick wird nicht nur deshalb zum Gegenstand der Kritik, weil er weder neutral noch wirkungslos ist. Er muss auch insofern hinterfragt werden, als er nicht unabhängig von sozialen Beziehungen oder nachträglich, d. h. im Anschluss an die Subjektwerdung der/des Sehenden, geworfen wird. Der Blick ist also voraussetzungsreich.

---

84 Louis Althusser: „Ideologie und ideologische Staatsapparate." In: Louis Althusser: *Ideologie und ideologische Staatsapparate. Aufsätze zur marxistischen Theorie. Aus dem Französischen von Peter Schöttler.* Hamburg/ West-Berlin: VSA 1977, S. 108–153, hier S. 143.
85 Georg Simmel: „Exkurs über die Soziologie der Sinne." In: Georg Simmel: *Soziologie. Untersuchungen über die Formen der Vergesellschaftung.* Berlin: Duncker & Humblot Verlag 1908, S. 483–493. (http://www.socio.ch/sim/untgd.htm [Zuletzt aufgerufen am 13.10.2012])
86 Christian Kravagna: „Einleitung." In: ders. (Hg.): *Privileg Blick. Kritik der visuellen Kultur.* Berlin: ID Verlag 1997, S. 7–13, hier S. 8.

Vor allem feministische Theoretikerinnen haben sich diesen unterschiedlichen Voraussetzungen des Blicks gewidmet. Laura Mulvey etwa unterschied in ihrer Auseinandersetzung mit Hollywood-Filmen grundsätzlich zwischen einem (aktiven) männlichen und einem (passiven) weiblichen Blick. Die Kino-Situation, in der aus dem Verborgenen heraus ein voyeuristischer Blick geworfen wird, wurde als paradigmatisch für das Sehen und das Angesehen-Werden der Frauen überhaupt betrachtet. Die Frau auf der Leinwand galt ihr als „Zeichen und Symptom innerhalb der patriarchalen Ordnung"[87] der Gesellschaft. Kaja Silverman spricht anhand der Praxis des Fotografierens – und im Anschluss an den Psychoanalytiker Jacques Lacan – von „gaze", der ins Deutsche als „Blickregime" übertragen wurde, welches das Verhältnis von Subjekt und Objekt prägt. Dieses Verhältnis ist zwar nicht frei von Macht, aber auch kein einseitiges, es besteht aus Wechselwirkungen zwischen dem Positionieren und dem Posieren. Beim Fotografieren wie beim alltäglichen Sehen aber wird der Blick geleitet durch das, was Silverman das „Vor-gesehene" nennt, diejenigen Darstellungsparameter, die sich „fast unmittelbar aufdrängen".[88] Diese beiden, von Silverman herausgearbeiteten Aspekte machen den – vermeintlich so individuellen – Blick auch sozial- und kulturtheoretisch relevant. Bereits Michel Foucault hatte ja in *Überwachen und Strafen* am Beispiel der Situation im panoptischen Gefängnis dieses Wechselspiel von Sehen und Gesehen-Werden als grundlegend für die Herstellung machtdurchzogener Subjektivität bestimmt. Und Pierre Bourdieu hatte ausgeführt, wie sehr die „Fähigkeit des Sehens"[89] – hier verstanden als die Möglichkeit, den richtigen, d. h. legitimen Blick auf die richtigen/legitimen Dinge zu werfen – auf antrainierten Grund-

---

87 Laura Mulvey: „Ein Blick aus der Gegenwart in die Vergangenheit: Eine Re-Vision der feministischen Filmtheorie der 1970er Jahre." In: Monika Bernhold, Andrea Braidt, Claudia Preschl (Hg.): *Screenwise. Film – Fernsehen – Feminismus*. Marburg: Schüren 2004, S. 17–27, hier S. 20.
88 Kaja Silverman: „Dem Blickregime begegnen." Aus dem Englischen von Natascha Noack und Roger M. Buergel. In: Kravagna (Hg.): *Privileg Blick*, a.a.O., S. 41–64, hier S. 58.
89 Pierre Bourdieu: *Die feinen Unterschiede. Kritik der gesellschaftlichen Urteilskraft*. Aus dem Französischen von Bernd Schwibs und Achim Russer. Frankfurt a.M.: Suhrkamp 1987, S. 19.

lagen, auf Bildungskapital beruht. Die Blicke der einen sind demnach auch wirkmächtiger als die der anderen, die Grenzbeamt*innen richten ihre staatlich legitimierten Blicke mit Wucht auf die von ihnen Ein- und Zugeteilten, die sich dieser rassistischen Praxis kaum entziehen können.

Bourdieu bezieht die Frage des Blicks aber auch auf die eigene, objektivierende Praxis der Sozialwissenschaften. Bereits in seinen frühen Feldstudien in Algerien stellt er sich dem Problem, wie die Notwendigkeit einer wissenschaftlichen Distanz mit der inhaltlichen Parteinahme für die Beobachteten zu vereinen ist.[90] Diese Frage wird, wie im Falle Bourdieus angesichts der (selbst)kritischen Auseinandersetzung mit der eigenen Position in einer kolonialen (Blick-)Konstellation, insbesondere in den lateinamerikanischen Estudios Culturales aufgeworfen. Laut Catherine Walsh ist die Klärung der Frage „¿Cómo ver?", „Wie sehen?" eine der wichtigsten Herausforderungen für eine kritische, soziale Objektivierungen nicht verdoppelnde Kulturwissenschaft.[91] Die Potenziale „anderen Sehens" allerdings werden sehr unterschiedlich eingeschätzt. Während Bourdieu am Sehen insgesamt vor allem die Reproduktion legitimer Sicht-Weisen beschreibt, betont Silverman ausdrücklich die prinzipiellen „Möglichkeiten einer ‚abweichenden' Sichtweise", da Blicke weder einmalig noch endgültig sind.[92]

Doch noch einmal zurück in den Zug: Die Szenen der rassistischen Zuschreibung, die Augenmaßnahmen der Grenzbeamt*innen, spielen mitten innerhalb der EU, die stark bewachten und umkämpften

---

90 Diese Betonung des Blicks in Bezug auf koloniale Klassifikationen teilt Bourdieu mit Frantz Fanon, vgl. dazu Jens Kastner: „Koloniale Klassifikationen. Zur Genese postkolonialer Sozialtheorie im kolonialen Algerien bei Frantz Fanon und Pierre Bourdieu." In: Daniel Suber, Hilmar Schäfer, Sophia Prinz (Hg.): *Pierre Bourdieu und die Kulturwissenschaften. Zur Aktualität eines undisziplinierten Denkens.* Konstanz: UVK 2011, S. 277–302.
91 Catherine Walsh: „¿Qué Saber, qué hacer y como ver? Los desafíos y predicamientos disciplinares, políticos y éticos de los Estudios (Inter) Culturales desde América Andina." In: Catherine Walsh (Hg.): *Estudios Culturales Latinoamericanos. Retos desde y sobre la Región Andina.* Quito: Universidad Andina Simón Bolívar, S. 11–28, hier S. 16.
92 Silverman: „Dem Blickregime begegnen.", a.a.O., S. 59.

Außengrenzen sind geografisch weit weg, aber eben doch – Raum nicht Linie – in jedem Moment anwesend. Denn die Grenzer*innen im City Night Line suchen nicht nach EU-Bürger*innen, sondern nach „den Anderen", die sie im performativen Sinne auf Verdacht hin erblicken. Insofern können diese Grenzpatrouillen als „doing border" verstanden werden, als aktive und situative Konstruktion der Grenze, wie sie die „ethnografische Regimeanalyse" zu untersuchen vorschlägt: die Grenze „als Praxis und sowie als in der und durch die Praxis gerinnende Realität [...]."[93] An einer solchen Gerinnung haben Blicke immensen Anteil.

Sockensegregation

Kommt ein Mann in ein Bekleidungsgeschäft und fragt die erstbeste Verkäuferin: „Wo haben Sie denn Kindersocken?" Fragt die zurück: „Für Jungen oder Mädchen?" Ist aber kein Witz. Kurz den Gedanken erwägend, dem Kleinen nicht die blau-schwarzen Darth-Vader-Socken, sondern stattdessen die rosa Lilifee-Socken zu kaufen, fiel ihm die graue Regenjacke wieder ein, also die graue Regenjacke mit dem pinken Balken in der Mitte. Diese Jacke an dem Knirps erspähend, hatte einst eine Kindergartengenossin ihrer Mutter laut vernehmbar vor der Gruppentür die Frage zugeflüstert: „Ist der Jo ein Mädchen?" Jo, nicht schwer zu erraten, liebte diese Jacke fortan deutlich weniger – bis hin zur Anziehweigerung. Der Mann kauft letztlich Ringelsocken zwecks Zumutungsvermeidung für den Vierjährigen, und die sind nicht rosa sondern braun. Ob solches Konsumverhalten schon das Geschlechterregime widerspiegelt oder zum Ausdruck bringt und damit sicherlich auch stützt und perpetuiert, obwohl oder gerade weil es zum Schutz und im Dienste des Schwächsten ausagiert wird, der mit seiner nicht-dominanten Hautfarbe schon genug zu tun hat und dem nicht auch noch ein Sockenfarbenstigma angeheftet werden kann, das wäre die Frage.

93 Sabine Hess, Vassilis Tsianos: „Ethnographische Grenzregimeanalyse. Eine Methodologie der Autonomie der Migration." In: Sabine Hess, Bernd Kasparek (Hg.): *Grenzregime. Diskurse – Praktiken – Institutionen in Europa*. Berlin/ Hamburg: Assoziaton A 2010, S. 243–264, hier S. 255.

Zumindest sind es ganz offensichtlich nicht nur die Socken, die Kinderabteilungen bei C&A und H&M und die Flüsterungen im Kindergarteneingangsbereich. Auch für das „Kommerzkinderfernsehen" der Privatsender etwa stellt Susanne Gaschke in der *ZEIT* gegenwärtig eine „groteske Überzeichnung" in Sachen Geschlechterrollen und Heteronormativität fest, ja eine „Apartheid von Blau und Rosa."[94] Allerorten wird wieder getrennt, was das Zeug hält. Die wenigen Orte, an denen diese Segregation aufgelöst werden soll, wie etwa im geschlechtersensiblen Kindergarten „Fun and Care" im 12. Wiener Gemeindebezirk, werden massiv attackiert: Die Freunde der Apartheid machen mobil, die FPÖ etwa spricht in einer hetzerischen Aussendung an alle Wiener Haushalte empört von „Gender-Experimenten" und „Traumatisierung", zuvor hatte schon die *Kronenzeitung* polemisiert. Interessant ist die vollkommen argumentfreie Empörung (für die angebliche „Traumatisierung" werden ohnehin weder Gründe noch Studien angeführt – es gibt ja auch keine), offenbar soll es sich von selbst verstehen, was so unfassbar daran ist, dass Buben Frustrationen ertragen lernen sollen und auch mal Prinzessinnenkleider tragen dürfen.[95]

Während die rechte FPÖ-*Kronenzeitung*-Phalanx klassisch hegemoniale Geschlechterpolitik betreibt und auch deren dominanter Ausdruck ist, kommt der Sockenkauf im Hegemonie-Begriff nicht ganz unter. Die Hegemonie betrifft zwar explizit auch und gerade den Alltagsverstand, in dem sie sich äußert. Dieser ist nach Antonio Gramsci zwar immer in sich widersprüchlich, weil sich in ihm übernommene, routinisierte und unreflektierte Muster versammeln. Damit konnte Gramsci erklären, warum auch gestandene Parteikommunisten sonntags vor der Mutter Gottes in die Knie gingen, aber der Sockenkauf bedarf eines noch komplexeren Betrachtungsgefüges. Denn er geschieht erstens reflektiert und zweitens kurzfristig im Dienste der Schwächsten (und bewahrt den kleinen Jo vor Hänseleien – oder

---

94 Susanne Gaschke: „Die Verkürzung der Kindheit. Vor lauter Konsum und Kommunikation schrumpft die Zeit für freies Spiel und ungestörte Entfaltung – eine Empörung." In: *DIE ZEIT*, Nr. 37/2011, 8. September 2011, S. 47–48, hier S. 47.
95 FPÖ Wien (Hg.): *Wir Wiener. Das Bürgermagazin*, Oktober 2011, S. 6–7.

sollte es heißen Greteleien?), während er gleichzeitig aber jene Normativität stützt, die das Hänseln und Greteln erst ermöglicht: Gäbe es die „Apartheid von Blau und Rosa" nicht, könnte auch niemand unter falschen Zuteilungen leiden. Das zeichnet das gegenwärtige Geschlechterregime aus, das ein und dieselbe Praxis zugleich schützende und verletzende, sozusagen befreiende und regressive, konservative Effekte hat. Deshalb passt auch der Regime-Begriff in diesem Fall besser als der der Hegemonie. Und wir haben es hier auch nicht einfach mit einem Ausdruck der „symbolischen Gewalt" zu tun, von der Pierre Bourdieu spricht und die in der Geschlechter-Dualität ihren nicht nur deutlichsten, sondern paradigmatischen Ausdruck findet. Alle sozialen Auf- und vor allem Zweiteilungen sind demnach geschlechtlich kodiert – die Hochs und Tiefs der Wetterkarte werden erst seit wenigen Jahren nicht mehr nur eindeutig männlich (hoch) und weiblich (tief) benannt. Als Gewalt wirken sie, weil sie sich in den im Habitus „immanenten Schemata"[96] von Denken und Wahrnehmung eingraben. Aber die symbolische Gewalt ist immer eine undurchschaubare, die gerade wegen dieser Nicht-Erkennbarkeit so brutal wirkt.

Die Sockensegregation aber ist offensichtlich. Und funktioniert trotzdem. Die Geschlechterregime wäre demnach welche, in denen die Herstellung und Reproduktion von Heteronormativität offenen Auges geschieht. Sie ist deshalb nicht unbedingt weniger brutal, aber es gibt eben doch Unterschiede auch innerhalb jeder hegemonial-heteronormativen Ordnung. Gegen die Rede von „heteronormativer Hegemonie" spräche demnach auch, dass damit die Differenzen innerhalb einer solchen Konstellation nur schlecht benannt werden können, d. h. dass eine solche Hegemonie sich in sehr unterschiedliche Formen – man möchte sagen: kleiden kann. Anders gesagt: Trotz gegenwärtigem Rosa-Blau-Backlash wird es wohl nicht wieder dazu kommen, dass Frauen wie vor fünfzig Jahren die Universität nur in Röcken betreten dürfen und nicht mit Hosen oder nicht Auto fahren dürfen wie im heutigen NATO-Partnerland Saudi Arabien.

---

96 Pierre Bourdieu: *Die männliche Herrschaft*. Aus dem Französischen von Jürgen Bolder. Frankfurt a.M.: Suhrkamp 2005, S. 63.

Eine andere Frage wäre, ob sich etwa Form und Farbe des Geschlechterregimes dadurch am besten emanzipatorisch transformieren ließe, dass nicht unbedingt die Produktionsmittel, aber doch die der Vermittlung erobert würden. Mehr Kindergärtner etwa nicht als „männliche Rollenmodelle" für die Kinder sondern für Männer. Oder, fangen wir noch mal von vorne an: Kommt ein Mann in ein Bekleidungsgeschäft und fragt in der Kinderabteilung den erstbesten Verkäufer.

Regime und Dispositiv

Regime sind vielgestaltig und beweglich. Dies schließt nicht aus, dass sie als äußerst rigide und starr erlebt werden. Im Gegenteil, Elastizität und Rigidität sind in Regimen durchweg kopräsente Artikulations- und Verhaltensformen. Darin ähneln sie dem, was Michel Foucault „Dispositiv" genannt hat. Foucault definiert 1977 den Begriff in einem faszinierenden Interview mit einer lacanistischen Zeitschrift als „Netzwerk" oder „Formation", aber auch als „Intervention", das heißt als Struktur und Handlung zugleich.[97] Dispositive verknüpfen und aktivieren danach äußerst heterogene Elemente – Diskurse, Institutionen, architektonische Formen, regulatorische Entscheidungen, Gesetze, Verwaltungsakte, wissenschaftliche Aussagen, philosophische Propositionen. Foucault bestimmt das Dispositiv als eine Anordnung, als ein Ensemble von Strategien, mit denen Kräfte auf einander bezogen werden. Diese Kräfte unterstützen bestimmte Typen von Wissen und werden ihrerseits von diesem Wissen unterstützt.[98] Das Dispositiv, als strategische Vermittlung von Macht und Wissen, reagiert auf dringende Notwendigkeiten des Regierens. Es soll möglichst unmittelbare Effekte erzielen, es ist aufs Äußerste gerichtet, was

---

[97] „Das Spiel des Michel Foucault" [Michel Foucault im Gespräch mit Dominique Colas u. a. In: *Ornicar? Bulletin périodique du champ freudien*, no.10, Juli 1977]. In: Daniel Defert, François Ewald (Hg.): *Michel Foucault: Dits et Ecrits. Schriften in vier Bänden*, Bd. 3 [1976–1979]. Aus dem Französischen von Michael Bischoff, Hans-Dieter Gondek, Hermann Kocyba und Jürgen Schröder. Frankfurt a. M.: Suhrkamp 2003, S. 391–439, hier: S. 392, 394 (das französische „intervention" wird in der Übersetzung als „Eingriff" wiedergegeben.).

[98] Ebd., S. 394f.

nichts anderes heißt als auf eine Subjektivierung, die das Regieren der Individuen erleichtert und produktiver macht. Entscheidend ist, dass ein Dispositiv sich nicht auf diskursives Wissen, also auf eine sprachlich vermittelte Rationalität beschränken lässt, sondern höchst unterschiedliche Materialitäten, Institutionen, Praktiken, Technologien und Mechanismen, auch solche roher Körperlichkeit, verknüpft und verschaltet. Zugleich ist es in permanenter Unruhe und Transformation begriffen, weil die Elemente, die in Dispositiven zusammengeschlossen und ergebnisbezogen ausgerichtet werden, sich permanent verändern. Ebenso permanent freilich verändern sich die Individuen (oder allgemeiner: Lebewesen), die durch die Dispositive kontrolliert, gelenkt, manipuliert, versorgt, erzogen, diszipliniert, eingeschlossen oder mobilisiert werden. Das heißt, Dispositive sind eigentlich nur unter dem Aspekt ihrer Mutabilität und Potentialität zu begreifen, als Apparate, die wesentlich durch ihre Labilität, ihre Empfindlichkeit und ihre Reaktionsgeschwindigkeit charakterisiert sind.

Wenn Foucault einen sehr weitreichenden Begriff des Dispositivs entwickelte, den er seit den frühen 1970er Jahren an die Stelle des von ihm selbst eingeführten Konzepts der „Episteme" rückte, weil im Unterschied zu diesem das „Dispositiv" die Dimensionen von politischer und institutioneller Kraft und Macht als der Ordnung und Organisation von wissenschaftlichen, literarischen, ökonomischen oder juristischen Diskursen immanent denken ließ, so versuchen nachfolgende Theoretiker des Dispositivs (wie Giorgio Agamben) Foucaults Typologie der Dispositive noch zu erweitern: Nicht nur Gefängnisse, Psychiatrien, das Panopticon, Schulen, Glauben, Fabriken, Disziplinen oder juristische Verfahren gelte es in den Blick zu nehmen, sondern ebenso den einzelnen Stift, das Schreiben, die Literatur, die Philosophie, die Landwirtschaft, Zigaretten, Navigation, Computer, Mobiltelefone und die Sprache selbst.[99] Die Erweiterung des mit dem Dispositivbegriff zu analysierenden Spektrums führt aber auch zu einer problematischen Gleichsetzung des Dispositivs mit technischen und bürokratischen Apparaturen der Subjektivierung, die nach Agamben in den gegenwärtigen Gesellschaften stets

---

99 Giorgio Agamben: *Was ist ein Dispositiv?* Aus dem Italienischen von Andreas Hiepko. Zürich/Berlin: diaphanes 2008, S. 26.

solche der Desubjektivierung sind. In ihrer Funktion als Dispositive produzieren Mobiltelefone oder Computer demzufolge Subjekte, die sich selbst als frei und souverän in ihren Handlungen erleben, als vielfältig technologisch ermächtigt, wobei sie im selben Moment, zu statistischem Material, zu Ziffernreihen, zu Exemplaren reduziert, ihren Status als (politische) Subjekte einbüßen. Aber sind Dispositive nicht eben gerade weit mehr als die technischen und institutionellen Apparaturen, als die Hardware und Software, die Subjektivierungen einleiten beziehungsweise umleiten? Oder ließe sich, alternativ, die analytische Erweiterung der Grenze des Apparativen als der Schritt vom Dispositiv zum Regime konzipieren?

Regimekritik als Politik

Denn Regime können ihrerseits „apparative" Eigenschaften entwickeln, sich technologisch oder institutionell manifestieren. Doch sind sie bei aller Vergleichbarkeit mit den Foucaultschen Dispositiven mit diesen nicht gleichzusetzen. Es gibt nicht allzu viele Stellen, an denen Foucault in seinen Schriften den Begriff „Regime" verwendet, aber dort, wo er es tut, wird deutlich, dass „Regime" – etwas im Fall des „Wahrheitsregimes" (*régime de la vérité*) – eine starke semantische Nähe zu „Politik" kennzeichnet. Das Wahrheitsregime, heißt es in einem Interview von 1976, in dem die Einsatzgebiete des „spezifischen Intellektuellen" diskutiert wurden, sei für die Strukturen und das Funktionieren der Gesellschaften der Gegenwart essentiell. Der Kampf habe sich nicht auf konkrete Wahrheitsbehauptungen, sondern auf das grundlegende Regelsystem zu richten, auf das „Regime", das diese Wahrheitsbehauptungen möglich macht und den Status der Wahrheit und ihre ökonomisch-politische Rolle determiniert.[100] Es sind „Politiken" der Wahrheit, in die interveniert werden muss, inoffizielle und informelle, aber zugleich komplex organisierte und hocheffiziente

---

100 Michel Foucault, Alessandro Fontana, Pasquale Pasquino: „Gespräch mit Michel Foucault" [Juni 1976]. In: *Michel Foucault: Dits et Ecrits. Schriften in vier Bänden*, Bd. 3, a.a.O., S. 186–213, hier: S. 210f. (das französische „régime de vérité" wird in der Übersetzung als „Ordnung der Wahrheit" wiedergegeben).

Koppelungen von Macht und Wissen, die nach einer *politischen* Kritik verlangen. Überall dort, wo eine problematische, also umstrittene, noch auszuhandelnde, emergente Kategorie wie „Wahrheit" – oder auch „Gender", „Bildung", „Migration" – mit einer „Politik" assoziiert wird, entsteht ein „Regime", das immer mindestens so viele Aspekte hat, wie an dieser Verknüpfung „politische" Interessen und Akteure beteiligt sind. Daher kann man sagen: einem „Regime" begegnet auch die Analyse am besten im Modus der politischen Auseinandersetzung. Diese Auseinandersetzung trägt dann notwendig die Züge einer Militanz, die auf Gelegenheiten und Chancen wartet, den Transformationen des jeweiligen Regimes aktiv beizuwohnen, ihnen zuvorzukommen oder sie für die Dynamik des eigenen Kampfes zu nutzen.

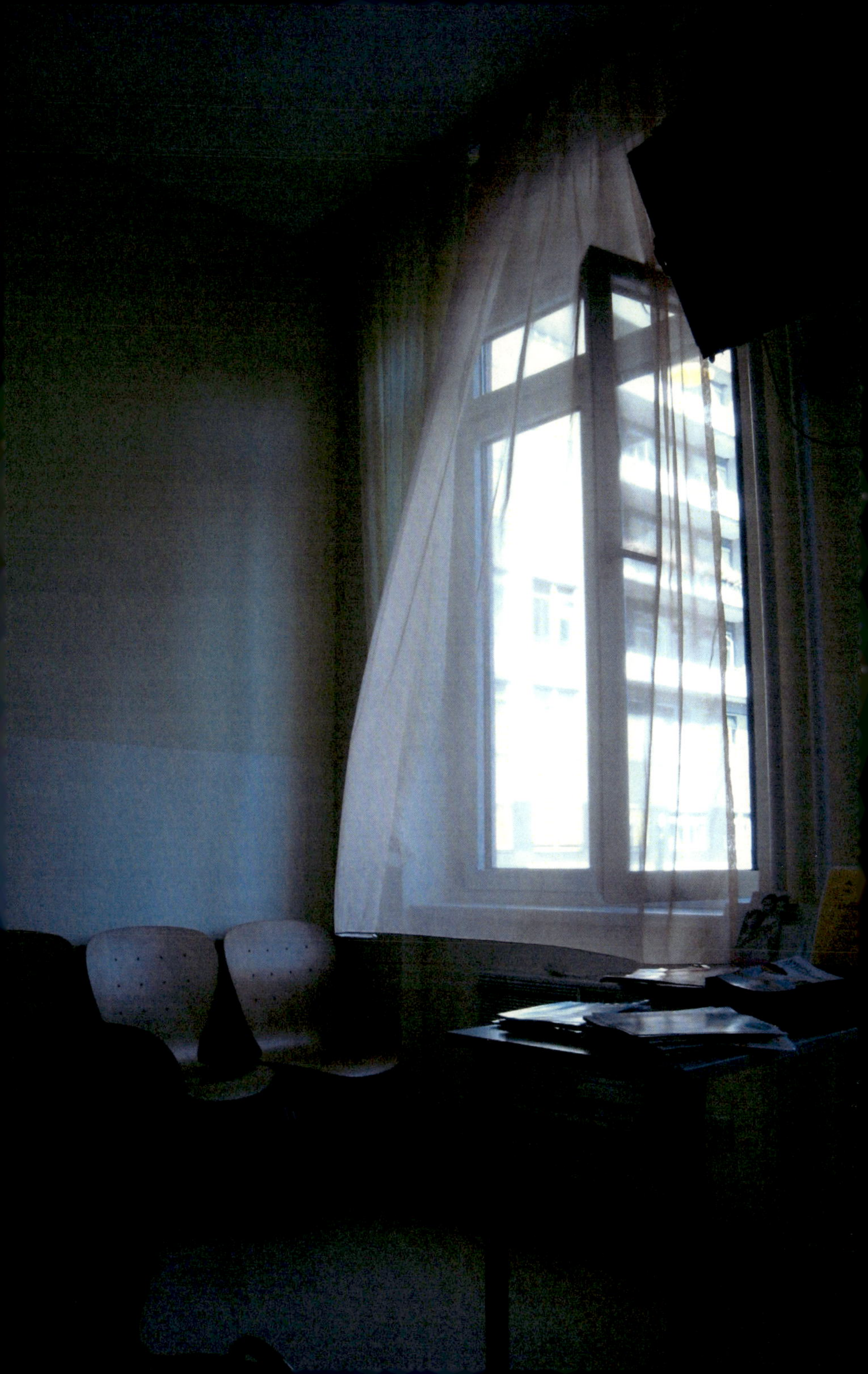

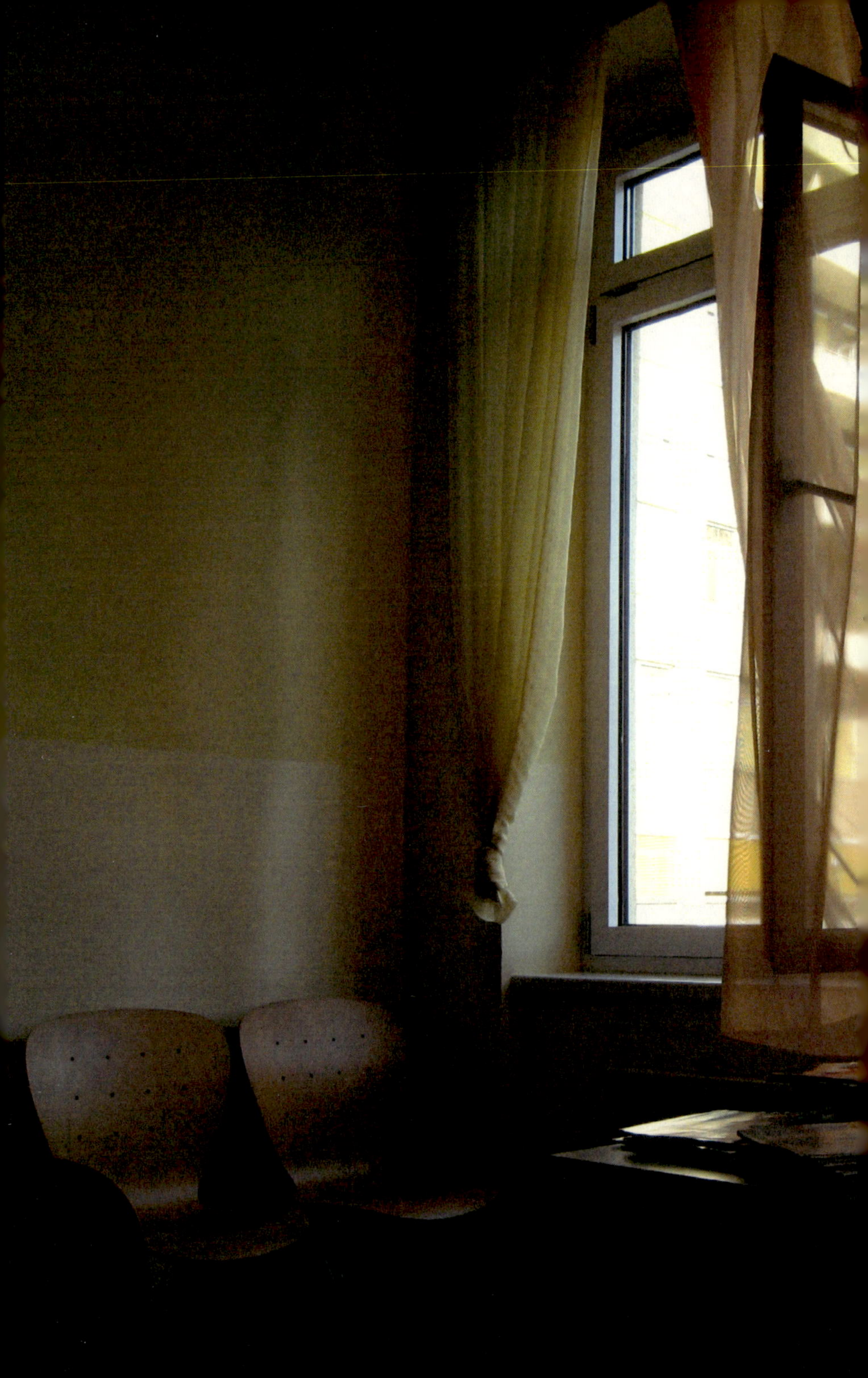

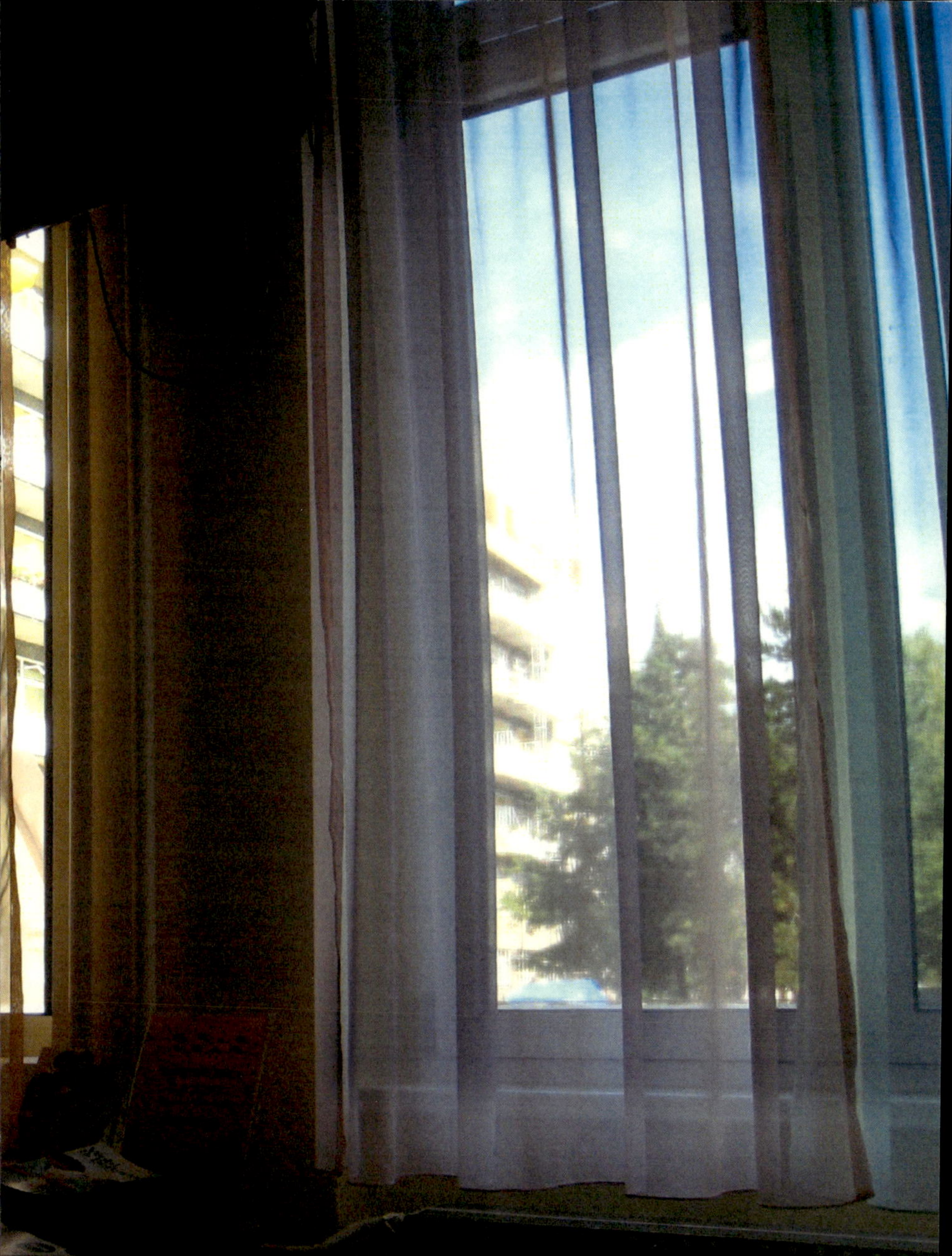

~~Situationsbeschreibung~~

Ich befasse mich mit Immunsystemregimen im Inneren/Konkreten und Krankenhausregimen im Äußeren/Lokalen

☐ Immunsystemregime:
Metapher für »gesunder« Haushalt, gesunde Staatskörper mit den Organen, der »Verfassung«
Fieber
Körper als eines der Haupt-Schlachtfelder ~~des Kapitalismus~~ überhaupt.
Abwehr von Eindringlingen, Bakterien, Viren, sonstigen üblichen Verdächtigen

☐ Krankenhausregime:
Wissens- und Wahrheitsordnungen, Dispositive, die ~~Geburt der~~ Klinik
Im von Otto Wagner gebauten Pavillion 24, die erste K&K Lupus-Heilstätte, im Stil der Gartenstadt zur Jahrhundertwende außerhalb der Stadt.
Medikationsunverträglichkeit, Fieber ...
Davor und Danach und Dazwischen: das zur Hand nehmen Alles Mögliche: die Krüppelzeitung, Madness & Modernity, die Krankheit als Waffe;

Die Gleichzeitigkeit der Regime sowie die Gleichzeitigkeit der Auseinandersetzungen mit Regimen;
Immunsystem und Krankenhaus. körperliche, situative Lerntätigkeit, Form folgt aus Nicht-Funktion ~~in der Dismoderne~~ ...

Morgendliche Visite und Krankenakten, das ärztliche, krankenschwesterliche Schauen und Zurückschauen ...
Zimmerkolleginnen, Demenz; fiktionalisierte, ~~chronopolitische~~ Erzählungen

Körperklassen und Krankenkassen, ~~neoliberale~~ Schonkost, Nudelsuppe, Kaiserschmarren, Vegetarisches Menue
Nachtschwester
~~Krankenplatzbewirtschaftung~~, Normalisierung
Abwesenheit von Produktivismus und Tüchtigkeit
Claiming the »krank«.
und es gibt so etwas wie Regime und Genealogien, die in den Gesprächen nicht präsent sind. Therapieumstellung.

„The Government Seeks to Add a New Type of Regulated Activity"

Auf den globalen Finanzmärkten und in der internationalen Politik lässt sich seit einigen Jahren die wachsende Macht der so genannten und inzwischen längst berühmt-berüchtigten Ratingagenturen beobachten. Unternehmen wie Moody's, Standard & Poor's, Fitch Rating, Dagong Global oder A.M. Best sind zu entscheidenden weltpolitischen Akteuren geworden, seit es in immer kürzerer Folge für nötig gehalten wird, die Kreditwürdigkeit von Großbanken oder Staaten herauf- und herabzustufen, um den finanzindustriellen Anlegern Orientierung zu geben und Drohkulissen für die betroffenen Schuldner zu schaffen. Die exponentiell gewachsene Macht der Ratingagenturen ließ sich im Verlauf des Jahres 2011 mehrfach beobachten, vielleicht am spektakulärsten, als Standard & Poor's Anfang August 2011 die Bonität der USA von „AAA" auf „AA+" herabstufte und damit erdrutschartige Kursverluste an den Börsen provozierte.

Die Regierungen einzelner Staaten oder ganzer Staatenverbünde wie der EU sehen es nun für geboten an, ihrerseits Maßnahmen zur Kontrolle der Ratingagenturen zu ergreifen, die „creation of regulatory regime for credit rating agencies" voranzutreiben, wie dies zum Beispiel im Februar 2011 in Hong Kong vorgestellt wurde: „The Government seeks to add a new type of regulated activity, provision of credit rating services, to the Securities and Futures Ordinance (Cap. 571) (SFO) in order to create a regulatory regime for credit rating agencies operating in Hong Kong." An diesem Vorgang und an der Sprache, in der er kodifiziert wurde, ist von Interesse, wie hier ein – nicht als solches bezeichnetes – Regime, nämlich das der Ratingagenturen – seinerseits von einem staatlich einzurichtenden „regulatory regime" unter Aufsicht und Kontrolle gebracht werden soll. Auch wenn es verwirrend erscheinen mag, so wäre es nun, im Sinne des Foucaultschen Regimeverständnisses (in das sich Elemente seiner Definition des Dispositivs einfügen ließen), folgerichtig, die Kritik auf den verschiedenen Ebenen der Konstitution von Regimeverhältnissen anzusetzen: Das heißt, es ginge darum, den Zusammenhang zwischen dem Regime der Ratingagenturen (dessen Existenz von der kritischen

Analyse behauptet werden kann) und der staatlichen Einrichtung eines Regimes zur Kontrolle dieses Regimes nicht als bloße Konfrontation zwischen zwei Regimen unterschiedlicher ontologischer Ordnung, sondern als zwei Ausdrücke ein und desselben Regimes zu begreifen. Das Regime der Ratingagenturen steht in unmittelbarer Beziehung zur umfassenderen Kategorie des Finanzkapitalismus oder, konkreter, einer Kultur der Finanzialisierung, in der auf allen Ebenen, von der des Individuums bis zu der mächtiger Bankinstitute und Korporationen, die Norm der Kreditwürdigkeit herrscht. Der Philosoph Maurizio Lazzarato spricht von der neoliberalen „Fabrik des verschuldeten Menschen", in der eine „Ökonomie der Schuld" die Prozesse der Subjektivitätsproduktion modelliere.[101] Mit anderen Worten handelt es sich eigentlich um bestimmte Wahrheits- oder Evaluationsregime, welche wiederum die Operationsweisen des Ratingregimes prägen. Denn die Existenz von Ratingagenturen verdankt sich ja der Überzeugung, dass es „neutrale" Instanzen geben müsse, die den Märkten über den Weg der strengen Prüfung der Kreditwürdigkeit von Marktteilnehmern Anhaltspunkte für deren Entscheidungen liefert. Die Märkte müssen daher „transparent" gemacht werden. Die Akteure werden zu Offenheit und Ehrlichkeit verpflichtet, und um dieser Verpflichtung Nachdruck zu verleihen, werden Finanzunternehmen beauftragt, andere Unternehmen (oder Staaten) unter Zugrundelegung von als zuverlässig oder wissenschaftlich geltenden mathematischen Methoden zu examinieren. Da die Ergebnisse dieser Prüfungen für die Betroffenen äußerst gefährlich sein können, weil ihnen im Ernstfall die Kreditwürdigkeit endgültig aberkannt wird und sie damit dem Bankrott entgegen sehen, erscheint es nun wiederum geboten, die Evaluatoren ihrerseits zu regulieren. Hong Kong macht dies auf seine Weise, aber es gibt auch die (deutsche und europäische) Variante, die großen US-amerikanischen Ratingagenturen mit einer gelegentlich an antisemitische Propaganda erinnernden Dämonisierungsrhetorik als neue Kartelle des internationalen Finanzkapitals zu schmähen und die Einrichtung eigener, EU-konformer

---

101 Vgl. Maurizio Lazzarato: *La fabrique de l'homme endetté. Essai sur la condition néolibérale.* Paris: Éditions Amsterdam 2011.

Ratingagenturen zu fordern.[102] Dies wäre der Fall eines, nicht selten paranoiden, Regimeverdachts, der auf dem Niveau von mächtigen Organisationen zur Einrichtung von Gegenregimen, *regulatory regimes*, führen kann, die das Treiben des jeweils inkriminierten Regimes kontrollieren oder auch beenden sollen. Regime – imaginäre wie reale – lösen also auf allen möglichen Ebenen Reaktionen aus, die zur Gründung von Gegenregimen unterschiedlicher Skalierung führen können. Nicht jedes Gegenregime, heißt dies auch, muss ein kritisches sein.

Regime als kritische Denomination

Als „politische" Figurationen der Regulierung und Steuerung reagieren Regime auf Veränderungen ihrer Umgebung oder ihrer Teile mit veränderten Regulierungen und Steuerungen. Sie ähneln darin der von Gramsci analysierten Fähigkeit des Bürgertums, seine Vorherrschaft durch eine permanente „passive Revolution", also die Aufnahme und Integration von widerständigen Stimmen und Elementen, zu sichern. Vielleicht ist das ein Grund dafür, dass Regime selten im Stadium ihres Entstehens beobachtet werden können. Man erkennt sie zumeist erst in dem Moment, wenn sie sich ausreichend entwickelt haben, um die Bezeichnung zu rechtfertigen. Dann aber sind sie auch schon dabei, in etwas anderes überzugehen. So kommt die Bezeichnung „Regime" in aller Regel spät, wenn nicht zu spät. Erst die Französische Revolution machte die überwundene Gesellschafts- und Herrschaftsform als *ancien* régime erkennbar. Sobald ein bestimmtes Ordnungsgefüge als Regime erkannt und bezeichnet worden ist, befindet es sich bereits auf dem Rückzug, wechselt Gestalt und Struktur. Regime, so verstanden, sind quecksilbrige, spektrale Gebilde – auch wenn eine solche Charakterisierung der Erfahrung ihrer vermeintlich stabilen und harten Regulationen und Zwänge zu widersprechen scheint. Aber die Perspektiven auf Regime unterscheiden sich sehr grundsätzlich, je nachdem welche Position innerhalb

---

102 Vgl. z. B. Axel Berger: „Die neuen Heuschrecken." In: *Jungle World*, Nr. 29, 21. Juli 2011, http://jungle-world.com/artikel/2011/29/43622.html [Zuletzt aufgerufen am 13.01.2012].

oder auch außerhalb eines gegebenen Regimes eingenommen wird. Regime reagieren als Ganzes fortwährend auf die Veränderungen ihrer opponierenden oder komplementären Teile. So hören sie nicht auf zu oszillieren. Das Verhalten gegenüber einer als unerbittlich und repressiv erfahrenen Regimewirklichkeit nimmt unmittelbar verändernden Einfluss auf die Form der Regime. Sie in Begriffe zu fassen oder in Schaubildern aufzuzeichnen verfehlt sie auf sehr grundsätzliche Weise, aber – und das ist das Paradox – produziert sie zugleich. Denn sobald eine bestimmte Logik, ein bestimmtes Verteilungsprinzip, eine Matrix von Normen auf den Begriff des Regimes gebracht worden sind, richtet sich das bis dahin unklare und disparate Phänomen gewissermaßen zur Thematisierbarkeit auf und wird adressierbar. Dieser Prozess der Erkennbarmachung hat natürlich viel zu tun mit den grundsätzlich konstitutiven Effekten von Sprache im Allgemeinen und von spezifischen Sprechakten und Aussagen im Besonderen. Sprache schafft Wirklichkeit. Einen gegebenen Zusammenhang als „Regime" zu bezeichnen, interveniert bereits in denselben Zusammenhang, arretiert seine systematische und historische Bewegung, macht ihn – für den Augenblick – habhaft und dingfest. Der Begriff stellt so den benannten Zusammenhang der Reflexion und der Kritik zur Verfügung. Dabei kann man die als „Regime" bezeichneten Phänomene dabei von verschiedenen Seiten anschauen, abhängig davon, ob die Bezeichnung dem Erhalt und der Durchsetzung des Regimes oder seiner Analyse und der Kritik des so bezeichneten dienen soll.

Von Regierungen zu Regimen

So unscharf die Regime-Terminologie durch ihre Verwendung in unterschiedlichen Diskursen erscheinen mag, und so sehr sich die mit ihr verbundenen Bedeutungen und Erwartungen widersprechen, kann trotzdem davon ausgegangen werden, dass die Konjunktur des „Regimes" auf Veränderungen reagiert, die theoretisch-konzeptuelle Anpassungen und Präzisierungen erfordern. Was genau aber ist es nun, das den Begriff des Regimes auf so vielen Feldern der Wissensproduktion offenbar plausibel und notwendig macht? Eine Hypothese, die sich aus den bisher präsentierten Diskussionen, Fallstudien und Interventionen ableiten ließe, betrifft Umbrüche und Krisen des Verständnisses von Politik, aber auch einen veränderten Blick auf Funktionen und Praktiken des Ästhetischen. Politische Kategorien wie „Staat", „Macht", „Gesellschaft" oder „Demokratie" haben ihre unmittelbare Evidenz und universelle Geltung verloren. Die mit ihnen assoziierten Institutionen und Akteur*innen befinden sich in Prozessen der Neuordnung oder Auflösung. Vielfach als postpolitisches oder postdemokratisches Zeitalter beschrieben, charakterisiert die Gegenwart eine Entwertung der Politik zugunsten der Ökonomie, oder besser: eine immer stärkere Durchdringung beider Sphären, die nur noch in den medialen Inszenierungen der offiziellen Politik als getrennt behauptet werden.

Diese Entwertung, diese Delegitimierung von Politik zeigt sich unter anderem in der permanenten Infragestellung staatlicher Souveränität durch transnationale, vor allem wirtschaftlich-monetaristische Organisationen wie den Internationalen Währungsfonds (IWF) oder die Weltbank; sie zeigt sich in der Durchsetzung des Neoliberalismus als globaler Ordnung und in der endlos beschworenen Macht der „Märkte"; sie zeigt sich auch in den durch keinen parlamentarischen Beschluss oder sonstigen öffentlichen Auftrag legitimierten finanziellen und lobbyistischen Interventionen von Leuten wie Microsoft-Gründer Bill Gates oder dem ehemaligen US-Präsidenten Bill Clinton in Krisen- und Kriegsgebiete, in Gesundheits- und Entwicklungspolitik. Nicht die Schwächung der Souveränität von Nationalstaaten ist hier freilich das Problem, sondern die mit der Delegierung und Informalisierung des politischen Handelns einhergehende Tendenz zur Unüberprüfbarkeit und Unanfechtbarkeit dieser postdemokratischen Prozesse und Prozeduren. Einerseits wird von nichtstaatlichen Akteuren wie den Ratingagenturen, aber auch von Nichtregierungsorganisationen oder transnationalen Monitoring-Instituten die Transparenz und *accountability* von Regierungen und Parlamenten gefordert und notfalls erzwungen; andererseits geht damit aber auch eine Verschiebung der Macht von den Regierungen zu den Regimen einher. Regime, sowohl verstanden als Ordnungsinstanzen und Regulationsagenturen wie als informelle Wirkungszusammenhänge für die Aufteilung von Sichtbarkeit und Sagbarkeit, übernehmen Aufgaben der Vermittlung und Durchsetzung von Interessen und Ideologien, die durch keine demokratischen Aushandlungsprozesse legitimiert sind, so sehr sie eigene Grenzen der Legitimität ziehen und behaupten mögen. Regime lassen sich auch kaum direkt attackieren oder gar abwählen – niemand haftet für sie. Sobald sie sich als untragbar oder unprofitabel erweisen, wechseln sie ihre Form oder verschwinden einfach, um durch effizientere und weniger anfällige Varianten ihrer selbst ersetzt zu werden. Diese konstitutive Unmöglichkeit, ein Regime haftbar zu machen oder überhaupt zu adressieren, um auf diese Weise auf sein Wirken und seine Wirksamkeit Einfluss zu nehmen, ist einer der Gründe, der zu diesem Buch geführt hat. Denn Regime zeichnen sich vor allem dadurch aus, dass sie zwar *beschrieben*, aber nicht *angeschrieben* werden können. Selten genug jedoch legen die existierenden Beschreibungen von Regimen (mit Ausnahmen wie der Regulationstheorie und der Regimetheorie der Politikwissenschaft oder der Theorie des Migrationsregimes) deren spezifische Operations- und Funktionsweise offen. Zumeist beschränken sie sich auf vage Andeutungen über „Ordnungen", die gesellschaftliche Hegemonien, Wahrnehmungsweisen, Organisationsformen usw. regulieren und normieren. Diese terminologische und theoretische Unschärfe spiegelt eine Unsicherheit, bisweilen auch eine gewisse Unbedarftheit in den Beziehungen zu den Regimen. Dabei stehen die Rhetorik und die Ästhetik der Regime im Dienst einer Unauffälligkeit und Selbstverständlichkeit, die unmittelbar ihre Wirksamkeit bedingt. Je weniger die Regime als Macht wahrnehmbar sind, desto selbstverständlicher wird ihre Macht empfunden. Eine entscheidende Voraussetzung dafür, handlungsfähig zu bleiben, ist daher, diese naturalisierende und normalisierende Logik der Regime anzufechten – mit ästhetischen und politischen Mitteln.

KURZBIOGRAFIEN

Petja Dimitrova lebt als Künstlerin in Wien. Praxis zwischen bildender Kunst, politischer und partizipativer Kulturarbeit. Lehrt an der Akademie der bildenden Künste Wien, ist Vorsitzende der IG Bildende Kunst, Redaktionsmitglied von *Kulturrisse – Zeitschrift für radikaldemokratische Kulturpolitik*, sowie Mitglied von *Netzwerk Kritische Migrationsforschung und Grenzregime*. Mitherausgeberin (mit Carla Bobadilla, Nilbar Güreş, Agnes Achola und Stefania Del Sordo) von *Migrationsskizzen: Postkoloniale Verstrickungen, anti-rassistische Baustellen* (Wien 2010). Sie ist Mitglied der Initiative 1.März – Transnationaler Migrant_innenstreik.
*http://petjadimitrova.net —
p.dimitrova@akbild.ac.at*

Eva Egermann arbeitet als Künstlerin in verschiedenen Zusammenhängen, Medien und Kollektiven. Ihre Praxis verbindet Theorie und Kunstproduktion. Sie ist Senior Lecturer sowie PhD in Practice Teilnehmerin an der Akademie der bildenden Künste Wien. Sie ist Herausgeberin des *Crip Magazine*. Interventionen in normative Bilder von Körpern und Arbeit und organisierte das Ausstellungsprojekt *2 or 3 Things we've learned. Intersections of Art, Pedagogy and Protest*, 2010 (gemeinsam mit Elke Krasny). Letzte Publikationen: *school works* und *class works. Beiträge zu vermittelnder, künstlerischer und forschender Praxis* (Wien 2009, Hg. gemeinsam mit Anna Pritz).
e.egermann@akbild.ac.at

Tom Holert, Dr. phil., lebt und arbeitet als unabhängiger Kunsthistoriker, Kulturwissenschaftler und gelegentlich Künstler in Berlin. Nachdem er von 2006 bis 2011 an der Akademie der bildenden Künste in Wien gelehrt und geforscht hat, ist er dort jetzt Honorarprofessor für Kunst- und Kulturtheorie. Er arbeitet u. a. zu Konzeptualisierungen von Gegenwartskunst, zu Wissensproduktion als politisch-ästhetischer Praxis, zur ästhetischen Ökonomie des Glanzes und zur visuellen Kultur der historischen Experimentalpsychologie.
tom.holert@isvc.org

Jens Kastner, Dr. phil., ist Soziologe und Kunsthistoriker, lebt als freier Autor und Dozent in Wien. Seit 2008 wissenschaftlicher Mitarbeiter/ Senior Lecturer am Institut für Kunst- und Kulturwissenschaften der Akademie der bildenden Künste Wien.

Er arbeitet zum Zusammenhang von sozialen Bewegungen und zeitgenössischer Kunstproduktion, Kunst- und Kulturtheorien. Seit 2005 ist er koordinierender Redakteur von *Bildpunkt. Zeitschrift der IG Bildende Kunst* und war 2011 ADVK-Art Cologne Kunstkritiker des Jahres.
*www.jenspetzkastner.de,
j.kastner@akbild.ac.at*

Johanna Schaffer forscht und lehrt im Feld visueller Kultur und materieller Ästhetiken mit einem queer/feministischen antirassistischen Schwerpunkt. An der Akademie der bildenden Künste Wien hat sie gemeinsam mit Tom Holert und Renate Lorenz das kunstbasierte Doktoratsprogramm PhD in Practice und eine Forschungsplattform zu kunstbasierter Forschung aufgebaut. Seit Sommer 2012 ist sie Professorin für die Theorie und Praxis der Visuellen Kommunikation an der Kunsthochschule Kassel.

Die **Arbeitsgruppe Plattform Geschichtspolitik** ist ein offenes Kollektiv, das im Rahmen der Bildungsproteste 2009 entstanden ist, um die Teilhabe der Akademie der bildenden Künste Wien an Kolonialismus, (Austro-) Faschismus und Nazismus kritisch zu reflektieren und öffentlich zu verhandeln. Im Lauf der Zeit haben sich die Aktivitäten der Gruppe über den unmittelbaren Kontext der Institution hinaus erweitert.
*plattformgeschichtspolitik@
akbild.ac.at*

Libertina Bomba ist Aktivist*in und ein Pseudonym für viele(s).

Lina Dokuzović ist Künstlerin und PhD Fellow an der Akademie der bildenden Künste Wien. Sie ist Vorsitzende der Vereinigung bildender Künstlerinnen Österreichs (VBKÖ) und Researcher für das WWTF (Vienna Science and Technology Fund) Projekt „Creating Worlds" der Plattform eipcp (European Institute for Progressive Cultural Policies).

Ruth Sonderegger, Studium der Philosophie und Literaturwissenschaft in Innsbruck, Konstanz und Berlin, 1998 Promotion in Philosophie an der FU Berlin; seit 2009 Professorin für Philosophie und ästhetische Theorie an der Akademie der bildenden Künste Wien. Neueste Publikation: (co-ed. Karin de Boer), *Conceptions of Critique in Modern and Contemporary Philosophy*, Palgrave Macmillan, 2012.

Walter Eschler
Tüüflisches Chrut